아이 엠 낫 유어 니그로

I Am Not Your Negro by James Baldwin, Raoul Peck

This Korean edition was published by Modern Archive in 2023 by arrangement with Vintage Anchor Publishing, an imprint of The Knopf Doubleday Group, a division of Penguin Random House LLC through KCC(Korea Copyright Center Inc.), Seoul.

아이 엠 낫 유어 니그로

제임스 볼드윈 · 라울 펙 지음
김희숙 옮김

I AM NOT YOUR NEGRO

차례

일러두기

1. 단행본은 『 』로, 신문·잡지·영화·방송은 〈 〉로 표기했다.
2. 간단한 옮긴이 주석은 괄호로, 긴 주석은 *표로 처리했다.

들어가며

감독의 개인적 이야기

제임스 볼드윈의 작품을 처음 본 것은 15살 때였다. 어릴 적부터 아이티에서 콩고로, 프랑스로, 독일로, 다시 미국으로 옮겨 다니며 유목 생활을 하던 나는 삶에서 부딪히는 모순을 이성적으로 설명해줄 언어를 찾고 있었다. 내게 제임스 볼드윈은 아이메 세제르, 쟈크 스테팡 알렉시스, 리처드 라이트, 가브리엘 가르시아 마르케스, 알레호 카르펜티에와 함께 "나의" 작가라고 말할 수 있는 극소수 중 한 명이었다. 내가 아는 세계에 대해 말하는 이들의 작품 속에서 나는 그저 주석이나 3류 단역이 아니었다. 이들의 이야기는 내 주변에 보이는 세상에 걸맞은 인간관계와 구조를 밝히며 역사를 설명해주었다.

나는 자긍심이 높은 나라에서 태어났다. 우리나라는 세계에서 가장 강력했던 나폴레옹 군대와 싸워서 이겼고, 1804년 세계사 최초로 노예혁명에 성공하여 우리만의 역사적 방식으로 노예제 확산을 막았다.

바로 아메리카 대륙 최초의 자유국가, 아이티를 말한다(다들 미국이 최초의 자유국가인 줄 알고 있는데 그렇지 않다). 아이티 사람들은 주류의 지배담론이 진실하지 않다는 것을 너무나 잘 알고 있었다.

역사는 아이티 혁명의 성공을 무시했는데, 우리의 혁명이 완전히 다른 서사를 가지고 있어서 무시하지 않으면 당시 지배적이던 노예 서사를 유지할 수 없었기 때문이다.

19세기 후반 제국주의자들은 문명화라는 명분을 내세워 식민지 정복을 이념적으로 정당화하려 했다. 그러니 불과 수십 년 전에 "야만인"인 아프리카인들이 유럽의 막강한 군대(특히 프랑스와 스페인 군대)를 섬멸한 사실이 알려졌다면 이런 정당화는 성공하지 못했을 것이다.

당시 4개 초강대국은 유례없는 평화적 합의를 통해 최초의 흑인공화국인 아이티를 봉쇄하고 강력한 경제적·외교적 통상금지령을 내려 아이티를 빈곤과 무관심으로 몰고가 질식시켰다.

그러고는 전체 이야기를 다시 썼다.

플래쉬 포워드(순차적으로 진행하던 이야기를 갑자기 미래의 어느 한 순간으로 이동해서 새롭게 전개하는 영화 기법-옮긴이). 뉴욕에서 보낸 어린 시절을 기억한다. 보다 "문명화"된 시대로 여겨졌다. 1960년대였다. 우리 집안 대가족이 함께 살던 브루클린 플랫부쉬 애비뉴 근처 과거 유대인 동네의 널찍한 중산층 아파트 주방 벽에는 존 F. 케네디와 마틴 루서 킹 주니어가 그려진 커다랗고 동양풍의 양탄자 비슷한 게 걸려 있었다. 두 명의 순교자, 둘 다 그 시대의 전설이었다.

다만 사람들이 신성시한 그 테피스트리(염색한 실로 만든 직물 공예-옮긴이)가 전체 진실을 보여주지는 않았다. 테피스트리는 두 인물 간의 계급 차와 두 사람 간에 존재한 힘의 불균형을 대놓고 무시했다. 그로 인해 평행선처럼 나란히 가던 두 사람이 잠시 서로 만났다가 그 여파로 오해라는 불길한 기운만 뿌옇게 남기고 만 이야기를 이해할 모든 가능성을 없애고 말았다.

나는 '미국은 단일하며 유일하다'는 신화를 당연하게 생각하며 성장했다. 내가 그런 신화의 감독이자 배우였다. 시나리오도 좋고 배경음악도 잘 어울렸고 흑인이든 백인이든 유토피아의 출연진도 모두 그럴듯했다. 이 블록버스터의 제작 가치는 경이로웠다. 사소한 좌절조차 드문 이런 신화가 삶이고 현실이었다. 케네디가 사람들, 바비와 존, 엘비스, 에드 설리번, 재키 글리슨, 리처드 킴블 박사, 메리 타일러 무어 등의 백인 유명인사는 선명하게 떠오른다. 반면 오티스 레딩, 폴 로브슨, 윌리 메이즈 등의 흑인 유명인사는 내 기억의 저장장치에 그저 모호한 집단이자 희미한 이야기로 "겨우 남아있을" 뿐이다. 물론 텔레비전에서 〈소울 트레인Soul Train(1971~2001년 미국 전역에 방영한 흑인 음악 프로그램-옮긴이)〉이 나오긴 했지만, 훨씬 나중에 등장했고 어떤 광고주도 언짢아하지 않을 토요일 아침 시간에 방영됐다.

메드가 에버스는 1963년 6월 12일에 사망했다. 맬컴 엑스는 1965년 2월 21일에 사망했다. 마틴 루서 킹 주니어는 1968년 4월 4일에 사망했다. 5년 동안 세 사람이 암살당했다.

그들은 모두 흑인이었지만 이들을 묶어주는 것은 피부색만이 아니다. 서로 완전히 다른 전장에서 각자 전혀 다른 방식으로 싸웠다. 그럼에도 결국 셋 다 위험하니 처치해도 되는 인물이 되고 말았다. 세 사람 모두 인종적 혼란이라는 안개를 걷어내고 있었기 때문이다.

이들처럼 제임스 볼드윈도 시스템을 꿰뚫어보았다. 게다가 암살당한 세 사람은 볼드윈이 사랑한 지인이었다.

볼드윈은 메드가와 맬컴, 마틴의 복잡한 관계와 닮은점을 사람들에게 알리기로 마음먹었다. 이들에 대한 글을 쓸 계획이었고, 궁극적으로 『이 가문을 기억하라*Remember This House*』라는 책을 쓸 생각이었다.

나는 나중에서야 세 사람과, 이들이 암살당한 사실을 알게 됐다. 세 명이 암살당했다는 역사적 사실은 나 자신의 정치적·문화적 신화, 곧 인종주의와 지적 폭력에 대한 나 자신의 경험을 깊고 긴밀하고 개인적으로 성찰하기 위한 출발점이자 "증거"라고 해도 좋을 요소가 된다.

바로 이 지점에서 나는 제임스 볼드윈이 꼭 필요했다. 볼드윈은 이야기를 해체한 후 근본적으로 올바른 질서와 맥락 속에 재배치하는 방법을 알았다. 그는 내가 아이티라는 자유국가의 역사를 현대 미국의 역사, 즉 노예제라는 미국 특유의 고통스럽고 피로 얼룩진 유산과 연결할 수 있도록 도왔다. 덕분에 나는 둘의 관련성을 깨달을 수 있었다.

볼드윈은 목소리와 언어와 유려한 표현 방법을 내게 주었다. 그의 장례식에서 토니 모리슨은 이렇게 말했다. "당신은 내가 머무를 수 있는 언어를 주었습니다. 당신의 언어는 내가 직접 창조한 것처럼 완벽한 선물이었죠." 볼드윈은 내가 본능이나 경험을 통해 알거나 배운 모든 것에 이름과 형태를 부여했다. 이제 나는 내게 필요한 모든 지적 무기를 얻었다.

다시 말하지만 우리를 괴롭히는 강풍은 여전하다. 지금의 불화, 무지, 혼란은 우리를 극도로 힘들게 한다. 나는 우리가 가는 길에 어떤 어려움도 없다거나, 완전함을 위한 우리의 도전에 어떠한 고난도 없을 거라고 생각할 만큼 순진하지는 않다. 이 영화가 절대 사장되거나 외면 받는 일이 없도록 하겠다고 약속한다. 여기에는 어떠한 타협도 없다. 이러는 내가 제임스 볼드윈이 말한 것처럼 "괴짜 애국자"나 "날뛰는 미치광이"로 여겨지지 않기를 바랄 뿐이다.

글로리아와의 만남

새로운 메타포가 있다

> 어떻게 되었나요, 라울? 어디에 있던지 모든 일이 잘되기를 기도합니다. 1973년 오빠가 남긴 말을 보셨는지 모르겠네요. "새로운 메타포가 있다. 새로운 소리가 있다. 새로운 관계가 있다. 남성과 여성은 전과 달라질 것이다. 아이들도 달라질 것이다. 그들은 돈버는 일을 쓸모없게 만들 것이다. 인간의 삶을 그보다는 가치 있게 하라. 일의 개념을 고역이 아니라 즐거움으로 회복하라."
>
> _2009년 4월 글로리아 카레파-스마트가 라울 펙에게 보낸 편지

10년 전 나는 제임스 볼드윈의 여동생인 글로리아 카레파-스마트를 처음 만났다. 워싱턴 D.C.의 고급스러운 옛 흑인 동네에 살던 글로리아는 내게 문을 열어주었는데, 방문하기 위험했던 시절부터 지금까지 계속 그 곳에 살고 있다. 나는 2주 전에 미리 제임스 볼드윈의 삶과 작품에 대한 전기적 작품의 저작권을 요청하는 편지를 유족인 글로리아에게 보낸 터였다. 게다가 그보다 모호하긴 했지만, 아직 미정 상태인 영화 작업에 대한 허락을 받고 싶었다.

이 단계에서는 정확히 어떤 자료를 요청해야 하는지 아직 확실하지 않았다. 힘들고 아주 난감하며 전례 없는 영화 프로젝트가 어떻게 되어야 하는지, 어떻게 될지 아직 알지 못했다. "볼드윈"과 관련된 것을 다루려면 그것이 무엇이든 강력하고 독창적이어야 한다는 것만 알고 있었다.

게다가 나는 자신의 피신처로 나를 맞이해준 부드러운 말투의 상냥하고 지혜로운 숙녀와 그곳에서 천천히 차를 마시고 있었다. 낯선 이들에게 거의 공개하지 않는 피신처에서 말이다. 워싱턴 D.C.에서 보낸 그날은 영감으로 가득했던 정말 믿어지지 않는 날이었다. 글로리아와 나는 소울메이트, 친구, 무엇보다 금세 진실하고 솔직하고 진지하게 대화할 수 있는 동지가 되었다. 환대를 받았고 편안했다.

글로리아는 내 영화, 특히 1961년 콩고 첫 수상의 암살을 그린 〈루뭄바Lumumba〉를 이미 보았고 내가 다루는 주제와 작품세계에 대해 알고 있었다. 나는 이런 주제들이 글로리아의 삶과 그이만의 정치적 서사와도 관련이 있다는 것을 알게 되었다. 후에 이러한 우리의 공통 관심사는 지울 수 없는 애정으로 바뀌었다. 의심과 실패, 후퇴로 점철된 나의 시간을 열정과 짜릿한 발견의 놀라운 시간으로 바꾸는 데 글로리아는 결정적인 역할을 했다.

첫 만남 이후, 글로리아는 한 번도 내 삶에서 떠난 적이 없다.

늘 나와 동행하며 힘들 때건 일이 잘 풀린 최근이건 한결같이 프로젝트를 지원했다. 글로리아는 우리의 전체 여정에서 가장 값지고 소중한 보석 같은 존재다.

글로리아는 내게 관대하고 전례 없는 선택지를 주었다. 한 해 두 해 지날수록 선택지의 세부 항목을 어떻게 갱신해야 할지는 신경도 쓰지 않고, 내가 프로젝트의 성공에만 집중할 수 있도록 해주었다. 영화 비즈니스에서 이런 일은 몹시 예외적이다.

불확실한 시도를 거듭하면서 4년이 지난 어느 날, 글로리아는 이 영화의 결정적인 열쇠를 들고 왔다. '〈이 가문을 기억하라〉에 대한 메모'라는 편지지 30쪽 정도의 원고 뭉치를 건네준 것이다. 제임스 볼드윈이 마무리하지 못한 출간 프로젝트였다. 글로리아는 편하게 말했다.

"보세요, 라울. 이걸로 뭘 해야 할지 당신은 알겠죠."

그렇다, 나는 바로 알아차렸다. 미완성 원고! 바로 내가 찾던 스토리였다. 게다가 등장인물은 어떤가! 메드가 에버스, 맬컴 엑스, 마틴 루서 킹 주니어. 원고 자체는 뭘 해보기에 적은 분량이었지만, 볼드윈이 남긴 다른 모든 기록을 열람할 수 있다는 점을 고려하면 넘치도록 충분했다. 내가 할 일은 미완성 원고를 완성하는 것이었다. 〈아이 엠 낫 유어 니그로〉는 그러한 탐색의 믿어지지 않는 결과물이다.

다시 한번 고마워요, 글로리아. 당신의 무한한 인내, 사려 깊은 지성, 애정 어린 한없는 지원이 없었다면 이 작품은 단 한 장면도 만들 수 없었을 겁니다.

시나리오 작업 과정에 관하여

과문한 건지 모르겠지만, 한 작가가 남긴 텍스트만으로 영화를 만든 이런 사례는 없었다고 단언하다. 특히 출판물, 편지, 원고, 연설, 출간을 염두에 두지 않은 개인 노트 등 출처가 다양한 텍스트를 모아서 만든 경우는 더욱 그렇다. 우선 나는 명확하게 정의된 어떤 지침도 없이 상상조차 못 할 영화의 개념을 정립하는 중이었다. 그러니 어떻게 구체적이고 실질적으로 시작할 수 있었겠는가?

나는 한동안 방향을 잡지 못하다고 있다가 완전한 초고를 만들지 않으면 영화를 완성하기 힘들다는 점을 깨달았다. 그러나 그런 텍스트를 어떻게 만든단 말인가? 시간순으로 내레이션을 해서도, 각색을 하거나 그저 원고를 모으기만 해서도 안 될 일이었다. 여느 영화 시나리오를 쓰듯 도입부와 전개와 결말이 있는 이야기, 즉 극적 구성이 필요했다. 물론, 이 특별한 작업에는 라벨이 붙지 않은 소중한 모자이크 조각들로 가득 찬 큰 항아리처럼 대사가 이미 존재한다는 점이 달랐다. 각각의 조각은 장차 빛을 발할 다이아몬드였다. 고유한 가치를 드러내면서 적절하게 공명하도록 배치해야 하는 다이아몬드. 서로 얽히고, 모순되고, 심지어 충돌하는 여러 겹의 의미와 이야기들이 생성되도록 배치해야 하는 다이아몬드 말이다. 나는 볼드윈이 메모에 썼듯이 "파격적인 돼지 곱창 요리"를 만들고 싶었다.

나는 존경받는 작가의 흩어져있는 작품으로 오페라 대본을 쓰는 리브레티스트처럼, 오래전에 세상을 떠난 작가의 정신과 철학, 호전성, 통찰력, 유머, 서정성, 영혼을 성실하게 간직하고 언제나 존중하면서 나만의 여정을 시작했다.

시작부터 앞으로 마주칠 무수한 난관이 훤히 보였다.

첫째, 소재 자체가 그랬다. 타이프로 친 메모 서너 쪽, 특정한 형식 없이 썼고 지운 문장들이 포함된 여러 번 수정한 원고. 처음부터 "〈이 가문을 기억하라〉를 위한 메모"가 우리 오페라 대본의 기초임은 분명했지만, 초고를 완성하는 데 필요한 다른 텍스트를 찾아 추가하면서 볼드윈의 생각이나 의도를 왜곡하거나 넘겨짚지 않으려면 힘든 작업이 될 참이었다.

초고는 50쪽을 조금 넘는 분량(영화로 3시간 분량)으로 일관된 하나의 이야기가 될 수 있는 탄탄한 시나리오였다. 분명 든든한 상황이었지만 이제 시작일 뿐이었다. 수정을 거듭할수록 나는 좀 더 자유로워져서 문단이나 구의 순서, 드물게는 단어의 순서까지도 바꾸었다. 그러다가 볼드윈이 종종 여러 문서나 편지, 메모에 동일한 문장이나 생각, 서사를 약간 수정하거나 다른 논지로 여러 차례 다시 쓴 사실을 발견했는데, 이러한 발견은 큰 도움이 되었다. 덕분에 몇몇 경우, 목적에 가장 잘 부합하는 버전을 사용하거나 복잡한 곁가지들을 달리 수정하거나 한 버전의 도입부를 다른 버전의 결말과 섞어볼 수 있었다. 부디 제임스 볼드윈 선생이 사후에 내가 이렇게 작가의 "부엌"을 침범한 것을 용서해주기 바랄 뿐이다.

시나리오 작업은 볼드윈이라는 거장의 작업 과정을 조금이라도 볼 수 있는 소중한 기회였다. 그가 어떻게 집필에 공을 들이고 사고를 확장했는지 관찰하고 이해할 기회가 되었다. 여기저기서 유사하지만 조금씩 엇갈린 버전으로 여러 가지 다른 표현들이 보였는데, 초기의 아이디어나 성찰이 나중에 다른 글에서 보다 명료한 형태로 나타나곤 했다. 제임스 볼드윈이 형 데이비드 볼드윈에게 개인적으로 보낸 편지에 나온 내용이 나중에 다른 메모

여기저기에 나오다가, 출간한 어느 에세이에서 통렬한 문장으로 마무리되어 나타나기도 한다. 다른 작가와 마찬가지로 볼드윈도 최종적으로 마음에 드는 형태와 위치를 찾을 때까지 자신의 메모와 생각을 여러 차례 재배치했다. 때때로 나는 여러 수정본을 병치해보면서 적절한 위치와 명확한 표현을 찾아내어 시나리오를 다듬었다.

물론 볼드윈이 한 말을 있는 그대로 충실하게 둔다는 원칙을 몇 번 어기긴 했다. 예를 들어 볼드윈이 "빌"에 대해 쓴 대목에서는 누구인지 명확하려고 빌의 성 "밀러"를 추가했다. 또한 볼드윈이 배우 클린턴 로즈몬드를 "클린턴 로즈우드"로 잘못 언급하거나 맨튼 모어랜드의 이름을 "맨튼 모어엔드"으로 잘못 표기한 경우 티 내지 않고 수정했다. "맬컴의 맏딸 스틸라(철자가 정확하게 기억나지는 않지만)"이라고 쓴 걸 "맬컴의 맏딸 아탈라"라고 수정하기도 했다. 이런 몇 가지 소소한 경우를 제외하면 우리는 볼드윈의 생각, 스타일, 선택을 철저하게 존중했다.

무슨 말을 더 해야할까? 아주 오래전부터 날마다 형제로, 아버지로, 멘토로, 공범자로, 위로자로, 전우로, 내 여정의 영원한 증인으로 동행해준 한 남자를 내가 배신하지 않았기를 바란다.

고마워요, 친구(이렇게 불러도 된다면요). 당신은 우리의 삶과 기억 속에 영원히 깊이 새겨질 겁니다.

영화 편집자의 말

알렉산드라 스트라우스

작가의 관점을 엄밀하게 반영한 영화를 만들려는 시도는 커다란 도전이다. 해당 작가가 아주 영향력 있고 섬세하고 놀라운 사람으로 심오하게 인문주의적이면서 정치적·철학적인 비전을 제시하는 경우는 특히 더 그렇다. 영화는 여러 층으로 배치하는 음향효과, 음악, 이미지의 종합이다. 글로 된 언어를 영화로 옮길 때 일관성을 잃지 않고 알기 쉽게 만들려면 어떻게 해야 할까? 책은 읽다가 잠시 멈출 수 있다. 그러나 영화는 그럴 수 없다. 시간 개념도 책과 다르고, 이미지, 음향효과, 콘셉트를 한눈에 알 수 있도록 병치해야 한다.

영화 〈아이 엠 낫 유어 니그로〉에서 수십 년 동안 볼드윈의 작품세계에 빠져있던 라울 펙은 존경하는 작가 제임스 볼드윈의 빛나는 사유를 지금의 맥락으로 가져오고 싶었다. 라울이 영화에 사용하려고 애초에 모은 작품 관련 자료는 분량이 어마어마했다. 나는 영화 분량이 4시간 가까이 되어가는 걸 알고 깜짝 놀랐다. 그럼에도 이 방대한 임시 문건은 이미 의미 있는 이미지와 챕터, 장면들의 전반적인 개요를 선명하게 담고 있었다. 라울이 언어와 이미지를 다루는 데 능숙한 영화감독이라 해도 정확한 시대순과 구조에 딱 맞는 텍스트와 이에 적합한 이미지를 찾는 작업은 몹시 까다롭고 힘든 일이었다.

다행히 볼드윈은 영화가 우리 문화와 이데올로기의 형성 과정에 어떤 역할을 하는지에 관해 해박한 글을 남겼다. 볼드윈이 본 여러 영화는 그만의 신화를 만들면서 그의 유년기를 결정짓고 인격을 형성했다. 몇십 년 후 라울의 유년기가 그러했듯이 말이다. 이 영화들은 우리가 볼드윈의 비전을 공감각적으로 해석하는 데 있어 최고의 수단을 제공했다. 이 밖에도, 유족이 라울에게 건네준 〈이 가문을 기억하라〉라는 미완성 원고 덕분에 우리는 영화의 서술 방향을 정할 수 있었다. 이 미완성 원고를 그대로 살린 영화가 되거나 적어도 그 책이 담았을지도 모를 것을 생생하게 투영한 영화로 말이다.

처음부터 우리는 이 영화가 민권 영화나 전기 영화가 되지는 않겠지만 양쪽 모두를 완전히 피할 수 없으리란 점을 알고 있었다. 가장 예민한 질문은 볼드윈의 세 친구인 마틴 루서 킹 주니어, 메드가 에버스, 맬컴 엑스에 대한 그의 미완성 프로젝트에 담긴 이질적인 소재를 어떻게 볼드윈의 언어와 경험, 삶, 헌신과 하나로 묶어서 종합적이고 타협하지 않는 볼드윈의 기념비를 형성할 것인가, 라는 점이었다.

첫 번째 편집본은 우리에게 일종의 테스트였다. 볼드윈이 아주 유려하게 발언하는 영상과 볼드윈이 아닌 게 틀림없을 사무엘 잭슨의 내레이션 목소리를 어떻게 연결할 것인가? 이러한 두 가지 요소를 어떻게 연결해서 담론의 연속성을 만들어낼 것인가? 나아가 볼드윈의 문장과 조화롭게 어울리는 이미지들을 어떻게 찾을 것인가?

우리의 기록연구사archivist 마리-엘렌 바르베리는 어렵지만 흥미로운 상황에 처했다. 수백 장의 사진과 옛 영화, 뉴스 화면, 신문 헤드라인, 광고, 아마추어 영상자료 등 서로 다른 형식과 스타일의 온갖 자료를 조사하고 수집하고 분류하는 일을 해야 했다. 상태가 천차만별인 몇몇 자료에 접근하고 종종 여러 저작권자에게 분산된 저작권을 해결하는 과정에서 수없이 많은 문제에 직면했다. 이러한 과정은 때로는 믿을 수 없을 만큼 복잡하게 얽힌 거미줄이었다.

그러나 차츰 영화는 고유한 형식과 리듬, 자율성을 찾아갔다. 제작 과정, 이미지 배치의 선택, 내용, 형식, 시간 면에서 우리는 완전한 자유를 누리며 작업했다. 요즘 시대에 이런 제작환경은 사치다. 이 영화 작업을 시작하고 만 2년 동안 나는 다른 프로젝트 작업을 하거나 진행 중인 편집에서 한발 물러나 새로운 아이디어를 채우고 돌아오는 귀한 시간을 가질 수 있었다. 반면 마리-엘렌을 비롯한 기록연구팀은 쉬지 않고 심층 조사를 진행하며 미발표 희귀본 자료를 제공했다. 펀딩을 추가로 구해오는 프로듀서 덕분에 우리는 자유롭게 제작 범위를 확장할 수 있었다. 여유 있는 제작 방식이야말로 창의성과 효율성의 비결이었다.

라울 펙은 이 영화에 나만의 감성, 생각, 그밖에 내가 본질적이라 여기는 어떤 것을 불어넣도록 나를 믿고 맡겼다. 설명하기 힘들지만 일종의 시적이고 직관적인 영감이었다.

장 뤽 고다르는 "연출이 '시각기관'이면 '편집'은 '심장박동'이다"라고 했다. 영화와 영화가 지닌 미스터리의 핵심을 설명하는 말이다. 고다르의 말은 제임스 볼드윈의 탁월한 글쓰기를 통해 과거를 현재의 순간으로 가져오려고 애썼던 이 영화 제작의 비현실적인 여정에서 우리를 인도해준 전제였다.

I AM NOT YOUR NEGRO
아이 엠 낫 유어 니그로

1979년 6월

저명한 작가 제임스 볼드윈은

까다로운 작업에 뛰어든다.

암살당한

세 친구의 삶을 통해

자신이 생각하는 미국 이야기를 써보려 한 것이다.

메드가 에버스

마틴 루서 킹 주니어

맬컴 엑스

볼드윈이 30쪽밖에 쓰지 못한

원고의 제목은

〈이 가문을 기억하라〉였다.

〈딕 카베트 쇼〉

- 1968년 TV 토크쇼 -

딕 카베트

볼드윈씨, 이런 말을 여전히 들으시리라 봅니다. "니그로들은 대체 뭐야... 왜 그렇게 부정적이지?"

하지만 정말 많이 좋아지고 있지 않습니까. 니그로 시장도 나오고요. 모든 스포츠 종목에 니그로 선수가 있습니다. 정치권에도 니그로 정치인이 있죠. 심지어 최고의 영예라 할 텔레비전 광고에도 등장합니다. 미소 지으시는 거 보니 저도 기쁘군요. 이렇게 훨씬 좋아지고 있는데도 여전히 희망이 없는 걸까요?

제임스 볼드윈

글쎄요, 솔직하게 말씀드리면 사람들이 계속 흑인을 '니그로'라고 부르는 한 별 희망이 없다고 생각합니다. 문제는 니그로, 혹은 흑인 개인에게 무슨 일이 일어나느냐가 아닙니다. 뭐, 제게는 매우 절실한 질문이긴 하지만요. 진짜 문제는 이 나라에 무슨 일이 벌어질 것인가, 하는 점이죠. 바로 그 점을 강조하고 싶습니다.

1979년 6월 30일

스타르탄 문학 출판에이전시

제이 액튼에게,

고백하자면 다소 혼란스러운 마음으로 동봉하는 제안서를 쓰고 있습니다. 이제 막 초여름이 오고 있는데 여름이 거의 끝난 듯한 기분이 들어요.

나는 한 달 후면 55살이 됩니다. 그래요! 55살! 이제 여정을 시작하려고요. 사실대로 말하자면, 언젠가는 해야 한다는 걸 알면서도 이렇게 빨리오지는 않길 (진심으로) 바랐던 여정입니다.

내가 여정이라고 말한 건 길 위에서 무엇을 찾게 될지 알 수 없기 때문입니다. 찾은 것으로 무엇을 하게 될지, 혹은 그렇게 찾은 것이 우리에게 어떤 영향을 줄지 알 수 없기 때문입니다.

마틴 루서 킹

우리는 자유로울 권리가 있을 뿐 아니라 자유로울 의무가 있습니다. 그러니 버스에 타서 자리에 앉을 때, 버스 앞줄에 앉거나 백인 승객 옆에 앉는 것은 우리에게 권리가 있어서만이 아니라 그래야 할 의무가 있기 때문입니다.

이들이 살다가 죽은 시대는
공적으로 보면
마틴의 연설을 처음 들었던 1955년부터
그가 암살된 1968년까지다.
메드가는 1963년 여름에 암살당했다.
맬컴은 1965년에 암살됐다.

세 사람
메드가, 맬컴, 마틴은 서로 매우 달랐다.
1955년에 마틴이 겨우 26살이었다는 점을 생각해보라.
그런 청년이 한 나라의 범죄와 거짓말과 희망이라는 짐을
어깨에 걸머졌다.

나는 이들 세 사람의 삶이 서로 부딪히면서

각자를 드러내기를 바란다.

실제로 그러했듯이...

그리고 이들의 가혹한 여정을 보면서

이들이 그토록 사랑했으나

이들을 배신했던 사람들,

이들이 자신의 목숨까지 내놓았던 그 사람들이

깨닫게 되기를 바란다.

PAYING MY DUES
내 몫을 하며

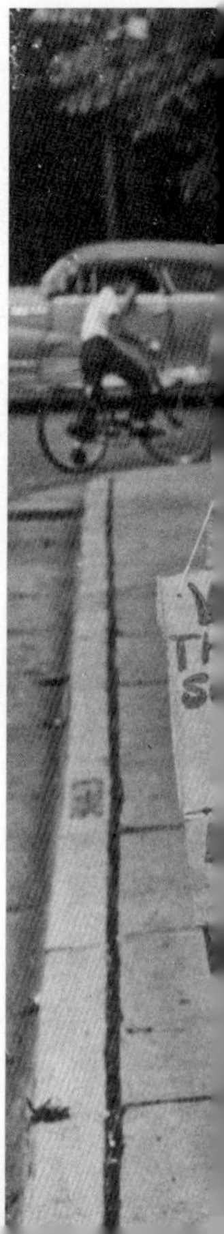

백인시민위원회 리더 페레즈

니그로 아이가 학교에 나올 때, 체면을 알고 자식을 아끼며 제정신을 가진 부모라면 당장 엉망이 된 학교에서 백인 자녀를 데리고 나와야죠.

미국 남부의 한 여성

하나님은 살인도 용서하시고 간음도 용서하십니다. 그러나 흑백통합을 하려는 자들에게는 분노를 금치 못하고 저주하십니다.

내가 사진을 본 것은 그 무렵이었다.
나무 그늘 가득한 파리의 넓은 가로수길
신문 가판대마다
15살 도로시 카운츠의 사진이 걸려있었다.
노스캐롤라이나주 샬럿에서 군중은
학교에 가는 도로시에게
욕설을 퍼붓고 침을 뱉었다.

그들의 조롱을 뒤로 하고
배움의 전당에 들어가는

도로시의 얼굴에는
형언할 수 없는 자부심, 긴장, 고뇌가 서렸다.

사진을 본 나는 분노에 사로잡혔다.
증오와 연민이 차올랐다.
무엇보다 부끄러웠다.

우리 중 누군가는 도로시와 함께 있어야만 했다!

바로 그날, 화창한 오후에
프랑스를 떠나자는 생각이 들었다.
더는 파리에 눌러앉아
알제리 문제나
미국 흑인 문제를 논하며 빈둥댈 수는 없었다.
다들 자신의 몫을 하고 있었고
나도 돌아가 내 몫을 해야 할 차례였다.

마침내 집으로 돌아왔다.
여기에 일말의 환상이 있었다면
그만큼의 진실도 존재했다.
파리에서 보낸 몇 년 동안
미국의 어떤 것에도 향수를 느껴본 적이 없다.
와플도 아이스크림도 핫도그도
야구도 고적대도 영화도
엠파이어스테이트 빌딩이나 코니아일랜드도
자유의 여신상도 〈데일리 뉴스〉도
타임스퀘어도 그립지 않았다.
이 모든 것이 내 기억에서 사라졌다.
마치 원래부터 존재하지 않았던 것처럼,
두 번 다시 볼 수 없다 해도
전혀 아무렇지 않았다.

하지만 내 형제와 자매,
어머니는 그리웠다.
'그들은' 달랐다.
가족이 보고 싶었고
조카들이 보고 싶었다.

그들이 나를 잊지 않기를 바랐다.

할렘의 일요일 아침과
닭튀김과 비스킷이 그리웠다.
그곳의 음악이 그리웠고
스타일이 그리웠다.
세상 누구에게도 볼 수 없는 할렘 스타일.
검은 얼굴이 닫히고
검은 눈동자가 바라보는 모습,
그러다 검은 얼굴이 열리면
한 줄기 빛이 모든 곳으로 향하는 듯한 그 모습이 그리웠다.
간단히 말해, 내가 맺은 관계들이 그리웠다.
나라는 사람을 낳고
기르고 돌보아준 삶이 그리웠다.
이제 이방인이 되긴 했지만
그래도 집으로 돌아왔다.

스크린에 나타났다 사라지는
움직임에 매혹된다.
7살 때쯤이다.
어머니, 아니면 이모와 함께
〈댄스, 풀즈, 댄스Dance, Fools, Dance〉라는 영화를 본다.
조앤 크로포드가 백인 숙녀라는 사실은 나도 알았다.
하지만 언젠가 가게에
심부름을 하러 갔는데
내 눈에는 조앤 크로포드와 똑 닮은 흑인 여성이
무언가를 사던 기억이 난다.
믿어지지 않을 만큼 아름다웠다...

너무나 아름다운 미소를 지으며 나를 내려다보아서
부끄러운 줄도 몰랐다.
내게는 몹시 드문 일이었다.

HEROES
영웅들

그 무렵
우리 담임선생님은
빌 밀러라는 젊은 백인 선생님으로
아름다운 여성이었는데
내게 무척 중요한 분이었다.
그분은 내게 읽을 책을 주었고
책과 세상에 대한 이야기를 해주었다.
에티오피아,
이탈리아,
독일 제3제국에 대한 이야기를 해주었으며,
나를 데리고 연극과 영화를 보러 갔다.
누구도 10살짜리 소년을 데려가는 것은
꿈도 꾸지 않았을 그런 곳에.

빌 밀러 선생님 덕분인 건 틀림없다.
내 끔찍한 삶에 그분이 일찌감치 찾아온 덕분에
백인을 증오하게 되지는 않았다.
그럼에도
한두 명 정도 죽이고 싶은 사람이 한 번씩 나타나긴 했다.

그러다 보니, 백인들이 그렇게 행동한 건
백인이어서가 아니라
다른 이유로 그랬을지 모른다고 생각하기 시작한다.

물론 꼬마였던 나는
순진했다.
빌 밀러 선생님을 있는 그대로,
혹은 내게 비쳐지는 그대로 받아들였다.
선생님도 어쨌거나 니거 취급을 받았는데,
경찰들이 특히 그렇게 대했다.
또한, 선생님은 집주인을 좋아하지 않았다.

이 무렵 우리 아버지와 닮은 사람은 아직
미국 영화에 등장하지 않았다.
아니다, 꼭 그렇지는 않다.
예를 들면 스테핀 페칫과
윌리 베스트, 맨튼 모어랜드가 있었는데,
옳든 그르든 나로서는 셋 다 질색이었다.
이들은 내가 아는 세상에 대해 거짓말하고
깎아내리는 듯했는데,

내가 아는 한 그들처럼 사는 사람은 분명 아무도 없었다.
어쩌면 그 휘둥그레진 눈에 담긴 우스꽝스러운 공포는
내가 간절히 피하고 싶었던 공포에 관한
일말의 진실을 담고 있었을지도 모른다.

하지만 영화 〈그들은 잊지 않을 것이다They Won't Forget〉에 나오는
흑인 건물 관리원에 대한 공포만큼은 아무런 의심 없이 믿었다.
배역을 맡은
클린턴 로즈몬드라는 흑인배우가
우리 아버지와 조금 닮아 보였다.
그는 겁에 질려있다.
남부의 작은 마을에서
백인 여자아이가 강간당하고 살해되었는데,
클린턴 로즈몬드가 관리하는 건물에서 시신이 발견된 것이다.

건물 관리인은 작은 배역이지만
그의 얼굴은 지금까지도 내 기억에 남아있다.
영화의 으스스한 잔혹함에
나는 두려워하면서도 강인해졌다.

톰 아저씨는 자기 손으로 복수하기를 거부하기 때문에
내게는 영웅이 아니었다.
내가 아는 한 영웅은 다 백인이었는데
영화 때문에 그런 것만은 아니었다.
내가 사는 나라에서도 그랬으니까.
영화는 현실의 반영일 뿐이었다.

나는 그 영웅들을 경멸하면서도 두려워했는데
이들이 자신의 손으로 복수했기 때문이다.
이들은 복수를 자신의 몫으로 여겼다.
그렇다. 나는 이해하게 되었다.
동포들은 나의 적이었다.

이 모든 이야기는 저지른 범죄를 감추기 위해
지어낸 게 아닐까 싶다.
대학살을 전설로 만든 것이다.

캠브리지 대학 토론

(제임스 볼드윈 vs. 윌리엄 F. 버클리 2세)

-1965년 -

제임스 볼드윈

우리가 인용할 수 있는 모든 물리적 사실을 제쳐두는 것, 강간이나 살인, 피비린내 나는 일련의 탄압을 제쳐두는 것은 어떤 면에서 이미 너무나 익숙한 일입니다. 이렇게 되면 피지배자들은 현실감각을 잃습니다.

빛나는 공화국에서 태어난 미국 니그로의 경우... 태어나는 순간부터 달리 더 알지 못하기 때문에, 모든 나뭇가지와 돌과 얼굴은 하얗다고 여기게 되죠. 거울을 보기 전까지는 자신도 하얗다고 여깁니다. 그러다 5살, 6살, 혹은 7살쯤 되면 엄청난 충격을 받습니다. 응원하던 게리 쿠퍼가 인디언을 몰살하는 장면에서 그 인디언이 바로 나라는 것을 깨닫게 되거든요.

태어나서 내 삶과 정체성을 의지하던 이 나라 어디에도, 현실의 전체 시스템 어디에도 내 자리는 마련되어 있지 않다는 사실을 깨닫는 순간, 엄청난 충격을 받는 겁니다.

친애하는 제이에게,

당신도 분명 나만큼이나 이 책의 출간 프로젝트가 어떻게 실행될지 궁금하겠죠. 그렇기를 바랍니다.

엄밀히 말해서, 어떻게 해야 할지 방법은 알고 있어요.
조사하고 취재 여행을 하면 됩니다. 그리고 당신이 함께하든 안 하든, 나는 어떻게든 해낼 겁니다.

9월에 '길'을 떠나면서 시작합니다. 여기서 '길'은 내가 남부로 귀환한다는 뜻입니다. 간단히 말하자면, 내가 멀리 에버스(메드가 에버스의 부인-옮긴이)와 아이들을 만난다는 뜻이죠. 그 아이들은 이제 더 이상 아이들이 아니지만요. 애틀랜타로, 셀마로, 버밍햄으로 돌아가 코레타 스콧 킹과 마틴의 아이들을 만난다는 뜻입니다.

이름이 기억나지 않는 마틴의 딸과 '아탈라'라는 맬컴의 큰딸이 같이 연극계에 있는데 분명 서로 친구일 거라더군요.

'길'은 맬컴의 부인인 베티 세바즈와 아탈라보다 어린 다섯 아이를 만난다는 뜻이기도 합니다. 유명했던 아버지들의 삶과 죽음을 증언할 증인으로서 나를 드러낸다는 뜻입니다. 아니 이보다 훨씬 더 중요한 의미가 있습니다. 사도 바울이 말한 바에 따르면 '구름처럼 몰려든 허다한 증인들'인 것입니다.

WITNESS
증인

제일 먼저 만난 인물은 맬컴 엑스였다.
이렇게 만나기 전 그를 본 적이 있었다.
뉴욕 어딘가에서 강연을 하던 중이었다.
강연장 제일 앞줄에 맬컴이
상체를 숙이고 앉아 있었는데,
긴 팔이 그의 긴 다리 양쪽 복숭아뼈에
거의 닿을 만큼 앞으로 숙인 채
나를 올려다보고 있었다.
패닉에 빠질 지경이었다.
전설로만 들었던 맬컴이었다.
게다가 약삭빠른 할렘가 꼬마 출신인 나는
그런 전설 따위는 믿지 않았다.

맬컴은 백인들의 주장대로
횃불이었는지도 모른다.
비록 이런 문제들에 대한
미국 백인들의 평가는 대체로 우스꽝스럽고
어처구니 없었지만,
그렇게 평가했기에 결국 사악한 결과가 일어났다.
한편, 맬컴 역시

나를 믿어야 할 이유가 조금도 없었다.
그리하여 나는 강의 내내 허둥대고 말았다,
내 얼굴에서 눈을 떼지 않는 맬컴의 시선을 느끼며.

NAACP(흑인지위향상협의회)의 회원이던 메드가는
여러 달 전에 일어난
어떤 흑인 남성의 살인사건을 조사하고 있었다.
그는 흑인들이 이러저러한 요청을 담아서 보낸
편지를 내게 보여주었다.
그리고 함께 가자고 제안했다.

몹시 겁이 났지만
같이 "현장 답사"를 해보면
내가 말하는 "증인"의 뜻이 분명해질지도 몰랐다.

나는 증인과 행위자를 가르는 경계선을 발견하게 됐다.
쉽게 보이지 않을 만큼 가느다랗지만
엄연히 실재하고 있는 경계선을.

나는 '블랙 무슬림'이 아니듯,

좀 다른 이유 때문이긴 했지만,
'블랙 팬서' 또한 결코 될 수 없었다.
모든 백인이 악마라고는 믿지 않았을뿐더러
흑인 청년들이 그렇게 믿는 것도
바라지 않았으니까.
나는 어떠한 기독교인 모임에도 들어가지 않았다.
기독교인들이
"내가 너희를 사랑한 것같이 너희도 서로 사랑하라"는
계명을 듣지도 않았고 말씀대로 살지도 않았으니까.
나는 NAACP의 일원도 아니었다.
내가 성장한 북부에서 NAACP는 숙명적으로
흑인들끼리 계급 차별을 하는 문제나
그 비슷한 허상에 엉켜서
나 같은 구두닦이 소년을 밀어냈으니까.

나는 미시시피주의 범죄 상황에
밤마다는 물론,
시시각각 날마다
맞닥뜨리지 않아도 되었다.
수십만 명의 목숨과 관련된 결정을 내린 후

식은땀을 흘릴 필요도 없었다.

기금을 모아서
어떻게 사용할지 결정하는 일은 내 책임이 아니었다.
기도회, 행진, 탄원서,
선거인 등록 운동의 전략을 짜는 일도
내 책임이 아니었다.
나는 보안관, 의원, 특수부대원 등을 보면서
그냥 지나쳤다.
어떤 동네도 오래 머물지 않았다.
때로는 윤리적으로 힘들기도 했지만
시간이 흐를수록 받아들여야만 했다,
'증인으로서' 내 몫의 책임은
최대한 넓고 자유롭게 움직이면서
이야기를 쓰고 그것을 끄집어내는 것이라는 점을.

HOUSE
MALT

STATE TROOPER

1966년 3월 FBI 보고서

제임스 아서 볼드윈에 관한 정보

FBI 부국장 앨런 로젠 앞

FBI 자료에 따르면 니그로 작가 볼드윈은 뉴욕 출생으로 현재 유럽 각국을 돌며 거주함. 볼드윈은 백인과 니그로의 관계를 다루는 글로 꽤 유명해졌음. 들리는 바로는 동성애자일 수 있으며 동성애자처럼 행동했다고 함.

J. 에드가 후버

우리는 '범죄근절'이라는 단 하나의 목표를 위해 온 힘을 다해야 합니다. FBI는 바로 곁에 놓인 집 전화기처럼 여러분 가까이에 있습니다. 관할권 내 모든 문제에서 여러분의 보호자가 될 것입니다. 연방수사국은 여러분의 것입니다.

FBI 보고서

수집한 정보에 따르면,

대상자는

비상시 미국의

국가방위와 공공안전에 반하는

행동을 할 것이라 예상되는

위험 인물임이 분명함.

따라서 해당 대상자의 이름을

보안명단에 포함함.

백인들은 버밍햄 사건에 경악한다.

흑인들은 아니다.

백인들은 버밍햄이 사실은 화성에 있다고 믿고 싶어서

계속 확인해달라고 요구하고 있다.

백인들은 버밍햄에서 일어나는 일이

미국 전역에서 일어나고 있다고는

믿고 싶지 않고

그런 믿음에 기반한 행동은 더욱 하고 싶지 않다.

그들은 도덕적으로나 실질적으로나

버밍햄과 로스앤젤레스가 한 발짝도 차이 나지 않다는 것을

깨닫고 싶어 하지 않는다.

〈니그로와 미국의 약속〉

THE NEGRO AND THE AMERICAN PROMISE

- 1963년 TV 프로그램 -

케네스 클락 박사

니그로 인권 투쟁의 최전선에 있는 세 분을 텔레비전 카메라 앞에 모시고 함께 이야기 나누어보도록 하겠습니다. 세 분은 각자 매우 다른 방식의 행동과 말씀으로 오늘날 니그로 사회의 일정 부분을 대변하고 계시는데요.

맬컴 엑스

이 나라 흑인들은 400년 동안 백인들이 저지른 폭력의 희생자였습니다. 그런데 무지한 니그로 목사들을 따라 우리는, 우리를 짓밟는 짐승들에게 오른뺨을 맞으면 왼뺨을 내미는 것이 거룩한 행동이라고 생각했습니다.

케네스 클락

블랙 무슬림 철학의 가장 논리적인 옹호자 중 한 분이신 맬컴 엑스님은 킹 목사님의 운동과 철학이 백인 압제자들의 장단에 놀아나고 있다고 하십니다. 압제자를 사랑하라는 목사님의 말씀을 백인들이 좋아하는 건, 니그로는 천성적으로 유순하며 부당해도 참

고 용서하는 존재라는 고정관념에 들어맞으며 니그로를 무장해제하기 때문이라는 건데요. 맬컴 엑스님의 신념에 대해 혹시 하실 말씀이 있으신지요?

마틴 루서 킹

글쎄요, 여기서 제가 말한 사랑은 감정적인 헛소리가 아니라 강력하고 직접적인 행동을 조직하는 강렬한 무엇이라고 생각합니다. 제가 남부 투쟁에서 전하려고 애썼던 게 바로 이것입니다. 가만히 앉아 있기만 한다 해서 투쟁하지 않는 게 아닙니다. 악에 저항하지 않는 것과 비폭력 저항은 매우 큰 차이가 있습니다.

맬컴 엑스

마틴 루서 킹은 20세기, 아니 현대판 엉클 톰이거나 종교적인 엉클 톰일 뿐입니다. 오늘날 마틴 루서 킹이 공격당하는 니그로들에게 방어하지 말라고 하는 것은, 엉클 톰이 KKK단에게 공격당하던 집단 농장의 니그로들을 그냥 당하도록 내버려 둔 것과 똑같습니다.

마틴 루서 킹

그렇지만 확실한 건, 시위에 참여하며 비폭력 철학을 이해하는

대다수 니그로가 경찰견이나 온갖 잔인한 진압방식에 맞서더라도 폭력으로 되갚지는 않을 것이라는 점입니다. 기꺼이 폭력을 받아들이되 결코 다른 이에게 되갚지 않는다는 비폭력 저항의 최우선 원칙 중 하나를 이해하고 있으니까요.

맬컴과 마틴에 관해 말하자면,
상상도 못 할 만큼 출신배경이 서로 달랐는데
원래는 극과 극이었던 둘의 처지가
차츰차츰 서로 가까워지는 것을
나는 지켜보았다.

세상을 떠날 무렵, 둘은
사실상 같은 처지가 되었다.
실제로 마틴은
맬컴의 몫까지 짊어졌고,
맬컴이 목숨을 바치면서까지
예견했던 비전을
명확하게 표현했다고 말할 수 있다.
맬컴이야말로 마틴이 산꼭대기*에서 만난
사람 중 한 명이었다.

* 킹 목사의 연설 '나는 산꼭대기에 가보았습니다I've Been to the Mountaintop'에서 따온 표현.

메드가는 설령 보고 싶었다 해도,
이를 보기에는 너무 젊었다.
물론 보았다 해도 놀라지 않았을 것이다.
그러나 가장 먼저 암살된 사람은 메드가였다.

나는 메드가, 맬컴, 마틴보다 나이가 많았다.
자라면서 연장자는
젊은이에게 모범이 되어야 한다고 배웠고
당연히 내가 먼저 죽을 줄 알았다.

세 사람 중 누구도 마흔을 넘기지 못했다.

맬컴 엑스

도심의 누구도 좋아하지 않을 조직이 필요합니다. 우리는 기꺼이 행동할 준비가 된 조직이 필요합니다. 필요하다면 수단과 방법을 가리지 않고 어떤 행동이라도 할 수 있어야 합니다.

제임스 볼드윈

맬컴이나 다른 무슬림 사제들은 강론할 때, 그들의 말에 귀 기울이는 모든 니그로를 위해 분명하게 말합니다. 그들은 니그로의 고통을 명확하게 표현합니다. 이 나라에서 너무나 오랫동안 부정당했던 그 고통 말입니다. 맬컴이 청중에게 커다란 권위를 인정받는 것은 바로 그점 때문입니다. 그는 니그로들의 현실을 확증합니다. 맬컴은 그들이 실제로 존재한다고 말합니다.

우리는 지금 이 나라에서 우리의 역할은 과연 무엇인지, 우리의 미래는 어떻게 될지 고민하고 있습니다. 현재 우리가 처한 상황을 얼마나 있는 그대로 받아들일 것이며, 경솔하고 생각 없고 잔인한 압도적 다수의 백인과 우리가 여기에 존재한다는 사실을 어떻게 소통할지도 고민됩니다. 지금 이 나라에서 일어나고 있는 도덕적 무관심, 그 죽은 심장이 두렵습니다. 이들은 오랫동안 속으로 저를 사람이라 생각하지 않으면서 스스로를 기만해왔습니

다. 저는 그들의 말이 아니라 행동을 보고 판단하는 것입니다. 스스로 비도덕적인 괴물들이 된 거죠.

〈플로리다 포럼〉

- 1963년 TV 인터뷰 -

제임스 볼드윈

지금까지 제가 만나본 미국 백인 대부분은 실제로 니그로 친구가 있거나 니그로 가정부, 혹은 고등학교 동창 중 누군가 니그로가 있었어요. 그러나 한 번도, 방과 후나 시간이 날 때 우리 집에 놀러온 백인은 거의 없었습니다. 우리는 학교 교문에서부터 차별받은 거죠. 그 결과, 백인들은 몰라요, 정말 모릅니다. 집을 나서는 게 내게 어떤 일인지, 학교를 마치고 할렘으로 돌아가는 게 어떤 일인지 몰라요. 그들은 니그로가 어떻게 사는지 모릅니다. 케네디 형제를 비롯한 이 나라의 모든 백인이 깜짝 놀랄 일이죠. 저는 확신합니다, 다시 말하지만... 제가 만나본 대다수 미국 백인처럼, 그들도... 그들도 니그로를 반대할 마음이야 조금도 없다는 걸 저도 확신합니다만, 문제는 그게 아니죠. 문제는 일종의 냉담함과 무관심인데, 이야말로 분리 정책으로 인해 우리가 치러야하는 대가입니다. 분리 정책의 문제는 바로 냉담함과 무관심입니다. 당신은 저쪽 세계에서 무슨 일이 일어나는지 모릅니다. 알고 싶지 않은 거죠.

당시 어떤 면에서 나는

미처 다 깨닫지도 못하는 사이에,

위대한 백인 아버지의 위대한 흑인의 희망*이 되어 있었다.

나는 인종주의자가 '아니야',

적어도 나는 그렇게 생각했고,

맬컴은 인종주의자가 '맞다'고

적어도 '그들은' 생각했다.

사실, 우리는 양쪽 다 똑같은 상황에 갇혔을 뿐이었다.

*'위대한 흑인의 희망'은 영화 〈위대한 백인의 희망〉에서 따온 표현이다.

영화 〈태양의 계절〉

A RAISIN IN THE SUN

- 1961년 영화 -

시드니 포이티어

오늘 밤 내 아들을 거실 소파에서 재울 때 아이에게 말해주세요. 아침에 아이 엄마가 다른 집 아이들을 돌보러 출근할 때 아이에게 말해주시라고요. 그리고 제게 말씀해주세요, 무슨 커튼이나 가리개 같은 게 필요해서 어머니가 조용히 다른 집 부엌일을 하러 나갈 때 말입니다. 전 그저 우리 가족의 앞날을 책임지려는 것뿐이에요. 아버지는 내 앞에서 한 번도 그러시지 못했지만, 저는 제 아들 앞에서 당당하게 그러고 싶단 말입니다.

이제 그 유명한 바비 케네디와의 만남을
이야기할 차례다.

로레인 헨즈베리가 살아있다면
지금의 나보다 많이 어리지는 않을 것이다.
바비 케네디와 만날 당시,
그이는 33살이었다.
그때가 로레인이 두 발로 서 있는 모습을
본 마지막 순간이었는데
다음 해 34살에 죽었다.

정말 그립다.

사람들은 다들 얼마나 젊었는지 잊어버리곤 한다.
바비 케네디는 아주 다른 사례지만
38살이었다.

우리는 그가 형인 대통령에게 말해주길 원했다.
그날이든 그다음 날이든,
디프사우스 학교에 입학할 예정인

어린 흑인 소녀가 등교할 때
개인적 경호가 필요하다고 말이다.
우리는 말했다.
“누구든 그 아이에게 침을 뱉는다면 그 사람은
우리 국민 모두에게 침을 뱉는 겁니다.”
바비는 이 말 역시 이해하지 못하고 답했다.
“그건 좀 무의미한 도덕적 제스처 아닐까요?”

그러자 로레인이 말했다.
“우리가 당신에게 원하는 게 바로 그거예요,
도덕적 헌신요.”

바비는 모욕당한 표정이었다.
시간 낭비만 했다고 느끼는 듯했다.
로레인은 가만히 앉아서 내내 지켜보았다...
그이가 바비 케네디를 쳐다보자, 그도 처음으로
로레인을 마주 보았다. 로레인이 말했다.
“하지만 정말 걱정됩니다.
버밍햄에서 백인 경찰이
니그로 여성의 목을 밟고 서 있는 모습을 찍은 사진을 돌리는

우리 문명의 수준이 정말 걱정돼요."

그러더니 로레인은 미소를 지었다.

정말이지 내게 보낸 미소가 아니라 다행이었다.

로레인은 이렇게 말한 후 돌아서서 방을 나가버렸다.

"안녕히 계세요, 법무부 장관님."

그런 후, 청천벽력 같은 소식을 들었다.

* 영화에는 여기서 몽타주 화면으로 '〈태양의 계절〉 작가, 로레인 헨즈베리 사망'이라는 신문 기사가 나온다. 사망 원인은 췌장암이었다.

메드가 에버스와 마지막으로 만났을 때는
함께 공항으로 가던 중이었는데, 잠깐 그의 집에 들렀다.
덕분에 나는 그와 그의 아내, 아이들에게
내 책에 사인을 해서 줄 수 있었다.
멀리 에버스가 밖에 서서 미소 짓던 모습이 기억난다.
우리는 손을 흔들었고
메드가는 공항까지 차로
나를 배웅해주었다.

여러 달 후
푸에르토리코에서 희곡 작업을 하던 중이었다.
루시엔(볼드윈과 사귄 스위스 화가-옮긴이)과 나는 하루 정도
섬을 둘러보며 구경하다가
집으로 돌아가고 있었다.
아름답게 반짝이는 화창한 날이었다,
자동차 선루프를 열고 달리며
웃고 떠드는데
라디오가 나오고 있었다.
그러다 음악이 멈췄는데...

메드가 에버스가

자택 차고에서 총격으로 사망했다는 뉴스였다.

메드가의 아내와 아이들은 커다란 남자가 쓰러지는 모습을 목격했다고 했다.

WEATHER

JACKSON DAILY NEWS

HOME FINAL

Mississippi's Greatest Newspaper

Covering the CROSS-ROADS with Jimmy Ward

PUBLISHERS OFFERING $1,000 REWARD FUNDS

Rifle Found, Believed Gun That Killed Evers

State Reacts To Slaying With Shock

Governor, City Officials Hope For Swift Solution To Case

JFK 'Appalled'

Weapon Discovered Near Ambush Scene

Filmstrip

"그도 장기판의 졸이었을 뿐"

ONLY A PAWN IN THEIR GAME

밥 딜런

오늘 메드가 에버스가 총탄을 맞고 묻혔네.

사람들은 왕의 관(棺)을 내리듯 메드거 에버스를 내려놓았지.

허나, 저무는 태양 빛이 총을 쏜 자의

머리 위에 머물 때면

그도 자신의 무덤가에 놓인

비석을 보게 되리라.

이름 옆에 새겨진

간단한 비문을.

'그도 장기판의 졸이었을 뿐'

푸른 하늘이 담요처럼 내려앉는 듯했다.
나는 아무 말도 할 수 없었다.
울 수도 없었다.
그저 그의 얼굴을 떠올릴 뿐이었다,
밝고 무뚝뚝하고 잘생긴 얼굴을,
그가 피부처럼 달고 다녔던 피로와
길을 '기일'이라고 늘려서 발음하던 독특한 습관과
나무에 여러 날 매달려 있던
린치*당한 주검에서
넝마가 된 옷이 어떻게 펄럭였는지,
그 나무를 매일매일 어떻게 지나가야만 했는지
내게 말해주던 이야기를.

메드가가
떠났다.

*우리말에서 '린치'는 법적 절차를 밟지 않은 '폭력'으로 주로 쓰이지만 영어에서는 공권력 밖에서 집단적으로 행해지는 '살인', 특히 흑인 혐오로 비롯된 교수형을 뜻한다.

미국에서 나는 싸울 때만 자유로웠다.
쉬면서는 도무지 자유로울 수 없었다.
그리고 쉴 곳을 찾지 못한 이는
싸움에서 길게 버티지 못한다...
젊은 백인 혁명가는
대체로 흑인보다
훨씬 낭만적이다.

백인들은 이렇듯 도취한 상태로
평생을 살아낼 수 있지만,
흑인들은 그렇게 운이 좋지 못했다.
예를 들어 존 웨인처럼 세상을 보는
흑인은
괴짜 애국자가 아니라
날뛰는 미치광이로 보일 것이다.

진실은 이 나라가
흑인들을 어떻게 해야 할지 모르면서
최종적 해결* 같은 것이나 꿈꾸고 있다는 점이다.

* 제2차 세계대전 당시 나치가 추진한 유대인 학살 계획 또는 정책

〈니그로와 미국의 약속〉

- 1963년 TV 프로그램 -

제임스 볼드윈

니그로는 한 번도 미국 백인들이 믿고 싶었던 것처럼 유순했던 적이 없습니다. 그것은 신화였죠. 우리는 둑 위에서 노래하고 춤추며 지내지 않았습니다. 목숨을 부지하기 위해 애쓰고 있었어요. 매우 잔혹한 시스템에서 살아남기 위해 기를 쓰고 있었단 말입니다. "니거"는 자기 자리에서 단 한 번도 행복했던 적이 없습니다.

〈볼드윈의 니거〉

- 1969년 다큐멘터리 영화 -

제임스 볼드윈

가장 끔찍한 일 중 하나는 좋든 싫든 제가 미국인이라는 사실입니다. 제게 진짜 학교는 뉴욕의 길거리였어요. 제가 본받아야 할 판단기준은 조지 워싱턴과 존 웨인이었죠. 하지만 저는 아이였고, 아이가 세상을 눈에 담을 때는 보이는 것들을 활용해야 하잖아요. 달리 활용할 게 없단 말이죠. 그러니 눈으로 본 것들, 해야

하는 선택들, 또 뉴욕과, 나아가 이 나라 전역에서 흑인으로 산다는 게 무슨 의미인지 깨닫는 방식들이 지금의 우리를 형성하고 있습니다.

나이를 먹을수록, 비유적 표현이 아니라 실제로 형제자매들의 주검이 주위에 쌓이는 것을 지켜보게 되죠. 어떤 마음인지 압니다. 무슨 잘못을 저질러서 죽은 것도 아니었어요. 그러기엔 너무 젊은 사람들이었죠. 하지만 당신이 당당하게 세상과 맞서며 이곳에서 살 권리를 주장하다 보면, 서구 세계의 권력구조 전체를 공격했다는 것을 깨닫게 됩니다.

니그로 문제는 잊어버리세요. 어떤 투표법안에도 서명하지 마십시오. 우리는 1964년 민권법안으로 이미 그 권리를 획득했습니다. 이른바 수정헌법 15조가 있습니다. 여러분은 이 나라에서 무슨 일이 일어나고 있는지 지켜보셔야 합니다. 진실로 자신의 형제인 줄 알면서도 형제가 형제를 죽이는 일이 벌어지고 있습니다. 백인 남성은 자기 아들인 줄 알면서도 니그로를 린치했습니다. 백인 여성들은 자신의 연인인 줄 알면서도 니그로가 화형당하도록 두었습니다. 이것은 인종 문제가 아닙니다. 당신이 자신의 삶을 제대로 볼 의지가 있는지, 거기에 책임질 의지가 있는지,

그것을 바꾸기 시작할 의지가 있는지 없는지의 문제입니다. 제 고향인 저 위대한 서구는 하나의 가문이고 저도 서구 가문의 자손 중 한 사람입니다. 다만 집안에서 가장 멸시받는 아이죠. 이는 제가 그들이 창조한 살 중의 살이요, 뼈 중의 뼈라는 사실을 미국인들이 마주하지 못하고 있기 때문입니다. 저의 피, 제 아버지의 피가 그 땅 속에 있습니다.

〈슬픔은 그대 가슴에〉

IMITATION OF LIFE

- 1934년 영화 -

어머니 *안녕하세요, 선생님. 비가 많이 와서 우리 아이를 집에 데려가려고 고무장화와 우비를 가져왔어요.*

교사 *죄송하지만 뭔가 실수하신 거 같네요.*

어머니 *3B반 아닌가요?*

교사 *네, 맞아요.*

어머니 *그럼 맞는데요.*

교사 *그럴 리가요. 우리 반에는 흑인 아이가 없어요.*

어머니 *오, 감사합니다... 저기 우리 딸이 있네요.*

교사 *페올라, 집에 가도 좋아요.*

반 친구1 *와, 재가 흑인인지 몰랐어.*

반 친구2 *나도 몰랐어.*

페올라 *엄마 미워요, 엄마 미워, 엄마 미워요!*

어머니 *페올라! 페올라!*

PURITY
순수

나는 아주 잘 알고 있다. 우리 선조는

이 땅에 오고 싶은 마음이 전혀 없었다.

그러나 백인 후손들,

포로 생활에 대한 노래를 요구하는 사람들의 선조도

오고 싶지 않기는 마찬가지였다.

그들은 내게 노래를 요구한다,

나를 포로로 삼은 것을 축하하기 위해서가 아니라

자신들의 처지를 변명하기 위해서.

미국에서 나는 항상
바닥 모를 정서적 빈곤과
인생에 대한,
다른 사람과의 교류에 대한 깊은 공포에 사로잡혔다.
너무나 한없이 깊어서
어떤 미국인도
공적인 입장과 사적인 삶을
실질적으로나 유기적으로 연결하지 못하는 듯하다.
사적인 삶의 실패는
미국의 공적 행위와
흑백 관계에
항상 가장 파괴적인 영향을 주었다.
만약 미국인들이 자신의 사적 자아에
그토록 겁먹지 않았더라면
소위 "니그로 문제"에 대해서도
이렇게까지 의존적으로 되지는 않았을 것이다.

〈노우 웨이 아웃〉

No Way Out

- 1950년 영화 -

리처드 위드마크

니거nigger라고 말하는 건 예의가 아니라고 하더군요. 니거! 니거! 니거! 불쌍한 니거 꼬마들, 저 어린 니거들을 사랑하시오. 나는요? 나는 누가 사랑했죠?

니그로 문제는 백인들이 자신의 순수함을 지키기 위해
만들어낸 것인데
이제는 그들을 범죄자와 괴물로 만들며
파멸시키고 있다.

게다가 이는 흑인들이
무언가를 하거나 하지 않기 때문이 아니라
백인이 흑인에 대해 품은
편협한 상상력과 죄의식 때문이다.

〈흑과 백〉

The Defiant ones

- 1958년 영화 -

토니 커티스

이봐, 그렇게 쳐다보지 마. 저 남자 얼굴에 침을 뱉으면 당신에게 무슨 일이 일어날지 알았어야지... (시드니는 토니 커티스가 물고 있는 담배를 친다.) 아니 당신 왜... (두 남자는 싸운다.)

시트디 포이티에

바로 지금이야.

시드니 포이티에

도망쳐! 어서!

토니 커티스

못해, 난 못하겠어!

이야기의 전제를 받아들이는 것이 불가능하다.
전제 자체가 흑백 간 증오의 본질이 무엇인지 모르는
미국인들의 뿌리 깊은 오해에
기반하고 있으니.
흑인의 증오는 분노에 뿌리를 두고 있는데,
백인을 증오한다기보다
그저 백인들이 자신의 앞길을 막지 않기를 바랄 뿐이다.
그리고 그보다 더
자기 아이들의 앞길을 막지 않기를 바랄 뿐이다.

백인의 증오는 공포에 뿌리를 두고 있다,
밑도 끝도 없고 이름도 없는 공포.
한없이 두려워하지만
실체는 사실 그의 마음속에만 존재한다.

시드니가 기차에서 뛰어내리자
도심지의 백인 진보주의자들은
더없이 안도하며 기뻐했다.
그러나 시드니가 기차에서 뛰어내리는 것을 본 흑인들은
소리쳤다. "다시 기차에 타, 이 바보야."

영화 속 흑인은 기차에서 뛰어내린다.
백인들을 안심시키려고,
흑인들이 증오하고 있지 않다는 걸 알려주려고.
백인들이 인간적 실수를 하긴 했지만
미움받을 짓은 조금도 하지 않았다는 걸 알려주려고.

치키타 바나나 광고

치키타 바나나에요, 이 말을 하러 왔죠.

나는 1등 바나나죠...

이 나라에서는 흑인의 섹슈얼리티에 관한
멋진 신화가 퍼졌음에도 불구하고,
흑인 남성들은 여전히
대중문화에서
성적 능력이 전혀 없는 것처럼 나온다.

시드니 포이티어도
흑인 예술가이자 한 남성으로서
이 나라의 유치하고도 엉큼한 성 관념에 직면한다.
예를 들어 시드니와 해리 벨라폰테는 둘 다
섹스 심볼이다, 용기를 내어 이를 인정하는 사람은 없다 해도 말이다.
하지만 두 사람은 할리우드의 다른 남성 배우와는
사뭇 다른 이미지로 나온다.

흑인들은 이 나라에서
모든 것을 빼앗긴 채 살아왔으니
흑인 예술가들마저 빼앗기고 싶지는 않은 것이다.

흑인들은 특히

〈초대받지 않은 손님Guess Who's Coming to Dinner〉을 싫어했다.

영화에서 시드니가

흑인을 왜곡하는 이미지로 나왔다고 느꼈기 때문이다.

〈초대받지 않은 손님〉는 다소 기이한 방식으로

기념비적인 작품이 되었는지도 모른다.

영화가 보여주는 그런 방향으로 더 나아가기란

도무지 불가능하기 때문이다.

다음에 이런 영화가 나온다면,

키스 장면으로 시작해야 할 것이다.

〈밤의 열기 속으로〉

IN THE HEAT OF THE NIGHT

- 1967년 영화 -

로드 스타이거

에, 표 가지고 있소? 자. 고마워요...

로드 스타이거

버질! 잘 지내요, 응?

시드니 포이티에

네.

미국 영화에서 남자끼리 키스하는 경우는

없다는 걸 잘 안다,

미국에서 그럴 일이 없는 것처럼

이 영화에서도 흑인 형사와 백인 보안관이 키스할 일은 없다.

그러나 미국 고전영화에서

반드시 등장하는 페이드아웃 키스 장면은

사랑, 더 나아가 섹스를 말하는 게 아니라

화해와

이제부터 가능해질 모든 것을 말해주는 장면이었다

오래전 우리 마을에서 어느 금발 소녀를 알았는데,
한 번도 집밖을 함께 다니지 못했다.
소녀는 나와 함께 거리를 걷는 것보다
혼자 다니는 게 훨씬 더 안전했다.
소녀와 내가 맺었을지도 모를 모든 관계를
철저하게 짓밟아버리는 잔인하고도 굴욕적인 사실이었다.
미국에서는 항상 일어나는 일이지만
미국인들은 이것이 얼마나 사악한 일이며
미국인에 대해 무엇을 말해주는지 아직도 모르고 있다.
함께 저녁 산책을 할 때면
소녀는 나보다 먼저 길을 나서곤 했다.
5분 정도 지나면 나도 밖으로 나가서 다른 길로 가다가
지하철 승강장에서 소녀를 만나곤 했다.
우린 서로 아는 척하지 않았다.
지하철을 탈 때는
제일 앞칸과 제일 마지막 칸에 따로 앉아서 가다가
자유로운 이들과 용감한 자들의 거리를
내내 따로따로 걸었다.
친구 집이든 영화관이든
어디를 가든지 말이다.

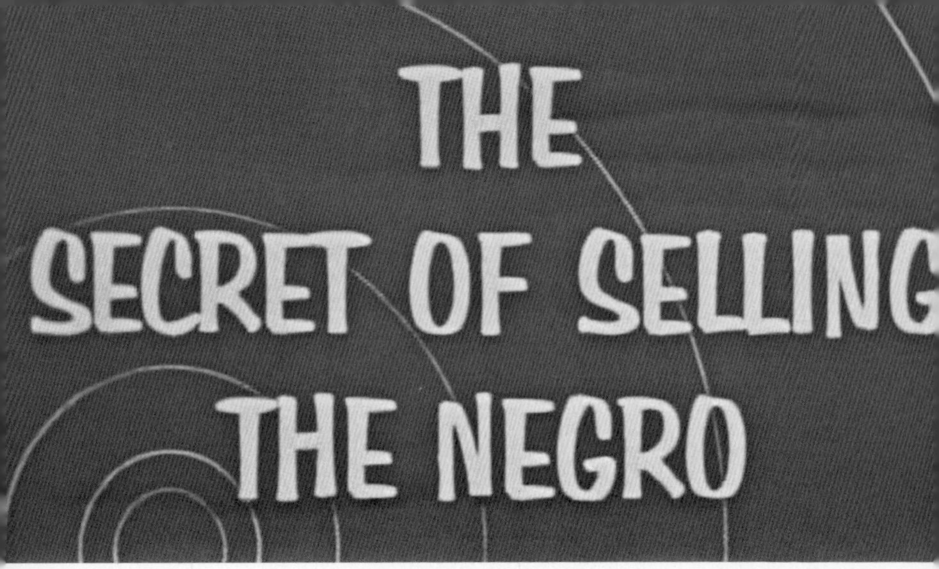

〈니그로 영업의 비결〉

- 1954년 영화 -

전국에서 이러한 가족들이 새로운 번영을 누리고 있습니다. 새로운 관심사와 새로운 생활 수준, 유례없는 소비력을 갖추었죠. 실질적으로 온갖 상품과 서비스의 훌륭한 잠재고객입니다. 하지만 이 시장은 쉽게 간과되고 있습니다. 1940년 이후 니그로 소비자 시장은 샌프란시스코에서만 89퍼센트 증가했습니다. 여러분이 주목해야 할 수백만 명의 소비자들이죠. 가용자금 150억 달러를 쥔 소비자들입니다.

누군가 내게 말했다,

사람들은 대개 현실을 있는 그대로 보여주면 감당하지 못한다고.

경험을 진솔하게 재현하는 것보다

판타지를 더 좋아한다는 뜻이었다.

그저 살아가기만 해도

감당해야 할 현실은 이미 차고도 넘치니까.

아이들을 기르고

출산, 세금, 사망이라는

영원한 수수께끼를 다루어야 하니.

로버트 케네디

우리나라에서 니그로 상황은 계속 나아지고 있습니다. 많은 분야에서 생각만큼 빠르진 않지만 분명히 나아지고 있고, 앞으로도 계속 진전되도록 할 것입니다. 가까운 미래에 니그로가 미합중국 대통령이 되지 말란 법도 없습니다.

케임브리지 대학 토론

- 1965년 -

제임스 볼드윈

예를 들면 이런 말이 기억납니다. 로버트 케네디 전 법무부 장관이 미국에서 40년 안에 니그로 대통령이 나올 수도 있다고 했죠. 이 말이 백인들에게는 상당한 해방 선언처럼 들렸나 봅니다. 이런 이야기가 처음 나올 때 백인들은 할렘에 없었습니다. 그들은 여기에 반응하던 흑인들의 웃음소리, 비꼬는 말, 경멸을 듣지 못했습니다(아마도 평생 듣지 못할 확률이 높겠죠).

할렘 이발소에 있는 주민의 눈으로 볼 때, 바비 케네디는 할렘에 겨우 어제 온 사람인데 벌써 대권가도에 서 있는 겁니다. 우리는 이곳에서 400년이나 살았는데, 지금 그는 착하게만 살면 40년 안에 니그로도 대통령을 시켜주겠다고 하는군요.

SELLING THE NEGRO
니그로 팔이

케임브리지 대학 토론

- 1965년 -

제임스 볼드윈

이렇게 말해보겠습니다. 있는 그대로 따져보죠. 이 나라의 항구와 부두와 철도, 그리고 경제, 특히 남부의 경제는 정말 그토록 오랫동안, 여러 세대에 걸쳐 값싼 노동력이 없었다면, 지금도 여전히 그 노동력이 없다면 현재의 모습은 상상도 못 할 일입니다.

전 국민이 전체 인구 중 9분의 1이 자기 아래에 있다는 생각에 사로잡혀 있는 것은 끔찍한 일입니다. 우리 미국인, 우리 미국 국민이, 예를 들어 흑인과 백인 모두가 나의 조상이고 아메리카 대륙에서 흑인과 백인이 서로를 필요로 하는 새로운 정체성을 세우기 위해 노력하고 있으며, 흑인인 내가 미국의 피보호자도 아니고 자선사업의 대상도 아니며 이 나라를 세운 국민의 일원임을 받아들일 수 있을 때가 와야 합니다. 그러기 전까지는 아메리칸드림에 아무런 희망이 없어 보입니다. 아메리칸드림에 거부당한 사람이 존재한다는 사실만으로도 아메리칸드림은 무너질 것이기 때문입니다. 만약 이런 일이 일어난다면, 서구 전체로서도 매우 심각한 위기가 될 것입니다. 감사합니다.

〈헐리우드 라운드테이블〉

- 1963년 토론 -

데이비드 쉰번

오늘 이 자리에 두 가지 공통점이 있는 일곱 분을 모셨습니다. 우선, 다들 연예인이거나 예술가고요. 모두 워싱턴에 오셨습니다. 자유와 일자리를 요구하며 행진을 하기 위해 수도 워싱턴에 온 약 20만 명의 미국 시민들과 함께 오셨는데요. 벨라폰테씨, 이 폭발적인 열기가 이제 행동으로 이어질까요?

해리 벨라폰테

지금 이런 요구가 나오는 원인은 지난 100년의 역사에 있습니다. 대부분 억압이 원인이었죠. 어떤 상황에서도 굴하지 않고 버텼던 니그로들은 지금 누구에게도 동정을 구걸하고 있지 않습니다. 그러나 분명히 말씀드립니다. 이 일이 성공적으로 기쁘게 끝날지 아니면 재앙으로 끝날지는 전적으로 백인 사회에 달려 있습니다. 이런 체제에서 부당하게 이득을 챙긴 자들에게 달려있고, 기득권자들에게 달려있습니다. 이런 일이 벌어지고 있다는 사실을 조금이나마 알면서도 참여를 거부하는 이 나라의 다수 중도층에게 달려있습니다.

나는 편협함에서 벗어나지 않으려는,
매우 복잡하면서도 어느 정도 민주적인 나라의
일원으로서 말하고 있다.

단순함은 정직함과 함께
위대한 미국인의 덕목으로 여겨진다.

정치인의 사과

죄송합니다. [리처드 닉슨]

정말 죄송합니다. [래리 크레이그]

죄송할 따름입니다. [람 에마누엘]

그 점에 대해 깊이 사과드립니다. [아놀드 슈와제네거]

변명의 여지가 없습니다. [존 롤런드]

죄송합니다... [빌 클린턴]

우리는 무수한 잘못을 저질렀습니다. [로널드 레이건]

그 점에 관해 사죄드립니다. [토드 아킨]

정말 죄송합니다. [힐러리 클린턴]

이런 일이 벌어져 미안합니다, 그러나 익숙해져야 해요, 이런 일은 우리 삶에 허다한 작은 문제일 뿐이니까요. [도널드 트럼프]

모든 책임을 통감합니다. [존 인사인]

한번 더 사죄하려고 오늘 이 자리에 섰습니다. [앤소니 바이너]

그 점에 대해... 그녀에게... 사과드립니다. [로버트 벤틀리]

제 모든 잘못에 대해 전적으로 책임을 통감합니다. 퍼거슨 시와 시민들에게 봉사하는 것은 제게 영광이었습니다. [토머스 잭슨]

결과적으로

미성숙도 미덕이 되고 만다.

그러니 인생의 대부분을 영화 속에서

인디언들에게 훈계하며 살아온,

예를 들어 존 웨인같은 사람은

성숙해질 필요가 없었다.

그날 밤 나는 런던에 있었다.
시간이 여유 있었던 우리는 함께
아주 멋지고 근사한 저녁을 먹기로 했다.
홀지배인이 다가와
내게 전화가 왔다고 말해주자
누이동생 글로리아가 받으러 갔다.
전화를 받고 돌아온 글로리아가 좀 이상했다.
아무 말도 하지 않으니
무슨 일인지 물어보기가 두려워졌다.
그때 틀림없이 무슨 맛인지도 모르고
음식을 씹었을 글로리아가 말했다.
"음, 기자들이 여기로 온다니까 얘기해야겠네.
좀 전에 맬컴이 살해당했어."

〈딕 카베트 쇼〉

- 1968년 TV 토크쇼 -

제임스 볼드윈

미국이라는 책에는 아무런 근거도 나오지 않으니 누가 저에게 이렇게 말해도 반론을 펼 수가 없습니다. "예전에는 목화를 따느라 우리가 필요했는데, 지금은 더 이상 필요하지 않아. 필요하지 않으니 이제 모두 죽여 버리겠지. 인디언들에게 그랬던 것처럼 말이야." 우리는 기독교 국가이니 형제끼리 절대 그러지 않을 거란 말은 못 하겠습니다. 너무나 오랫동안 피로 물든 역사만 있었으니까요. 다 우리가 저지른 일입니다. 당신이 땅에 묻은 모든 시체들이 이제 말하기 시작합니다.

H. 랩 브라운(1967)

폭력은 필수적이며, 미국 문화의 일부라고 말하겠습니다. 폭력은 체리파이만큼이나 미국적입니다. 흑인의 힘을 보여줍시다, 형제 여러분.

〈딕 카베트 쇼〉

- 1968년 TV 토크쇼 -

제임스 볼드윈

우리가 백인이라면, 아일랜드인이나 유대인, 폴란드인처럼 여러분이 따라 할 만한 백인이었다면, 우리의 영웅은 곧 여러분의 영웅이었을 것입니다. 냇 터너(1831년 버지니아주에서 흑인 반란을 주도한 흑인 노예-옮긴이)는 위협 인물이 아니라 영웅이 되었겠죠. 맬컴 엑스도 살아 있었을 겁니다. 다들 작은 나라가 용감하다며 이스라엘을 자랑스러워하는데, 저도 딱히 반대하는 건 아닙니다. 오해받고 싶지 않은데, 저는 반유대주의자가 아닙니다. 하지만 보세요. 이스라엘인들이 총을 들거나 폴란드인, 아일랜드인, 아니 아무 백인이나 총을 들며 "자유가 아니면 죽음을 달라"고 외치면 백인 사회 전체가 환호합니다. 그러나 흑인이 글자 하나 바꾸지 않고 똑같이 그렇게 말하면 범죄자로 낙인찍습니다. 더는 누가 따라하지 못하도록 온갖 방법을 동원하여 나쁜 니거가 어떻게 되는지 본때를 보여주죠.

〈우리가 사랑한 땅〉

The Land We Love

- 1960년 정부 제작 영화 -

우리가 사랑하는 이 땅을 둘러보십시오. 어디에 있든, 이 나라에 있는 당신을 돌아보십시오. 끝없이 펼쳐지는 아름다운 풍광과 자유. 이는 미국인의 고유한 권리로서 시민들 각자에게 의미하는 바가 다를 것입니다.

한가로운 오후, 기분 좋은 코스에서 골프 치는 일일 수도 있고, 놀이공원에서 롤러코스터를 타는 일일 수도 있습니다. 카운티 축제의 하루일 수도 있죠. 흥분된 하루, 50개 주를 모두 돌아보는 무제한 여행, 미대륙이라는 왕관에 박힌 이 모든 보석들을 보는 한없는 기쁨. 우리에게는 미 전역, 이 모든 아름다운 풍광, 역사적 유산, 무한한 기회가 있습니다...

마틴 루서 킹(집회에서 연설하며)

지금 우리는 베트남에 너무나 많은 폭탄을 퍼부었습니다. 미국의 명예를 지킵시다. 폭격을 중단하라! 전쟁을 중단하라!

우리나라와
우리 자신에게 내가 하려는 말은
이것이다. 우리는 알아야만 한다...

전 세계 어디에도
우리처럼 비옥하고 풍요롭고 안전하고 행복하면서
이토록 무책임하고 무감각한 나라는 없다는 것을 깨달아야 한다.
그 어떤 나라 국민도
좋은 차와 아내, 울타리 있는 집을 갖고
아이들이 안전하게 자라서 대학에 가고

임원이 되고, 그 아이들이 다시 결혼해

좋은 차와 집 등을 갖는 그런 꿈을 꾸면서 살고 있지 못하다.

대다수는 이렇게 살지 않으며

이런 삶을 상상조차 못한다.

우리가 말하는 '민주주의'가 이런 뜻이라는 걸 그들은 모른다.

산업은, 형성된 방식 때문에도 미국인에게

미국적 삶이라는 지속적인 환상을 계속 줄 수밖에 없다.

엔터테인먼트라는 개념 자체가

마약 사용과 별 다를 게 없다.

〈트리샤 고다드 쇼〉

- TV토크쇼 -

트리샤 고다드

딸이 흑인과 사귄다면 뭐가 걱정되나요? 사람들이 두 사람을 무시할까봐 그러시나요? 아니면 멋대로 규정할까봐?

어머니

네, 사람들이 무시할 거라고 봐요.

TV 화면을 계속 보다 보면
미국인의 현실감각에 대해
정말 경악스러운 점들을 알게 된다.

우리는 되고 싶은 모습과 실제 모습 사이에
참혹하게 갇혀 있다.
아메리카 대륙에서 우리가 살아가는 삶이
어째서 이토록 공허하고 이토록 무기력하고
이토록 추하기만 한지
기꺼이 스스로에게 질문하기 전까지는
우리가 바라는 모습이 결코 될 수 없다.

TV 속 이미지들은 시청자들을 괴롭히기 위해서가 아니라
안심시키기 위해서 고안된다.
이미지들은 또한 세상과 우리 자신을 있는 그대로
대할 수 있는 능력을 훼손한다.

〈딕 카베트 쇼〉

- 1968년 -

딕 카베트

여기 우리 그룹에 한 사람을 더 부르고 싶습니다. 폴 바이스 교수님, 예일대학교 철학과 석좌교수님입니다. (바이스 교수가 입장한다.) *무대 뒤에서 쇼 내용을 좀 들으셨나요?*

폴 바이스

제법 많이 들었습니다만, 제가... 뒤에 있어서(잘 안 들림) *다 듣지는 못했습니다.*

딕 카베트

동의하기 어려운 내용이 있었을까요?

폴 바이스

많은 부분 동의하기 어려웠습니다... 물론 동의하는 부분도 꽤 있지만요. 저는 볼드윈 씨가 매우 중요한 한 가지를 간과하고 있다고 봅니다. 우리 모두는 철저하게 혼자라고 생각합니다. 각자가 개인의 삶을 사는 것입니다. 종교나 피부색이나 체격이나 외모나 능력 부족에 따라 온갖 장애물을 만나지만, 중요한 건 그러면서

한 사람의 인간으로 성장하는 거죠.

제임스 볼드윈

하지만 제가 한 이야기는 그 문제가 아닙니다. 한 사람의 니그로, 한 사람의 흑인이 한 사람의 인간으로 성장하려고 시도할 때 사회가 토해내는 어려움, 난관, 죽음이라는 매우 실제적 위험에 관해 토론하고 있었습니다.

폴 바이스

흑인이냐, 백인이냐에 초점을 맞추면 이 자리의 주제를 강조할 수는 있겠습니다만, 이는 강조하다 못해 과장하는 게 될 수도 있습니다. 그래서 같은 집단에 묶이지 않아도 되는 사람들을 한 집단으로 묶게 되죠. 저는 학문에 반대하는 백인보다 흑인 학자들과 공통점이 더 많습니다. 볼드윈씨도 문학에 문외한인 사람보다 백인 작가와 더 공통점이 많고요. 그러니 우리가 왜 피부색에만 집중해야 하나요? 종교도 있잖아요? 아니면 다른 뭐든? 사람들을 연결하는 방법은 여러 가지인데 말입니다.

제임스 볼드윈

이렇게 말씀드리죠. 1948년에 제가 미국을 떠난 이유는 딱 하나

였습니다. 이유는 그 뿐이라 어디로 가든 상관없었어요. 홍콩이어도 좋았고, 팀북투(서아프리카 말리 공화국의 도시-옮긴이)여도 상관없었습니다. 어쩌다보니 파리에 정착하게 됐죠. 파리 거리에서 주머니에 딱 40달러밖에 없었는데, 그래도 미국에서 겪은 일보다 더 나쁜 일은 일어나진 않을 거란 마음이 들더군요. 작가를 정체성으로 삼을 수도 있지 않느냐고 말씀하셨는데요. 그러려면 삶의 모든 안테나를 꺼버릴 수 있어야 합니다. 이 사회를 비판하면 죽을 수도 있으니까요. 죽을 수도 있단 말입니다. 나를 둘러싼 세상이 두려운데 타자기 앞에 앉아 글쓰기에 집중할 수 있겠습니까? 파리에서 지내는 동안 한 가지는 좋았습니다. 그곳에서는 이런 특정한 사회적 공포에서 벗어날 수 있었으니까요. 제 공포는 마음 속 피해망상이 아니라 모든 경찰, 모든 고용주, 모든 사람의 얼굴에서 보이는 현실의 사회적 위협이었습니다.

폴 바이스

모두가 그런 건...

제임스 볼드윈

저는 우리나라 백인들이 각자 속으로 어떻게 느끼는지는 모릅니다. 다만, 그들의 사회적 행동을 보면서 무슨 생각을 하는지 짐작

할 따름입니다. 백인 기독교인이 니그로를 혐오하는지 어떤지 모르겠지만, 우리나라에 백인교회와 흑인교회가 따로 있다는 건 알고 있습니다. 맬컴 엑스가 말했듯이, 미국인의 삶에서 흑백차별이 가장 심한 시간이 주일 낮 12시라는 건 압니다. 이 점은 제게 기독교 국가라는 게 과연 무슨 뜻인지 많은 이야기를 해줍니다. 저로서는 백인 기독교인 대부분을 신뢰할 수 없으며 기독교 교회도 전혀 신뢰할 수 없습니다. 노조와 고용주들이 정말로 저를 혐오하는지는 잘 모르겠고 중요하지도 않습니다만, 제게 노조원의 권리조차 없다는 건 잘 압니다. 부동산 로비스트가 흑인을 배제하는지 어떤지 모르겠습니다만, 제가 게토에서 벗어나지 못하도록 로비하고 있다는 건 압니다. 교육위원회가 흑인을 혐오하는지 어떤지 모릅니다만, 우리 아이들에게 읽으라고 준 교과서와 흑인들이 다녀야하는 학교가 어떤지는 잘 알고 있습니다. 자, 이것이 증거입니다. 당신은 제가 제 자신과 아내, 제 연인, 제 누이, 제 아이들을 위험에 처하도록 두면서 신앙인답게 행동하기를 바라는군요. 저는 한 번도 본 적 없는 이상주의가 미국에 존재한다고 장담하면서 말입니다.

모든 서구 국가가 휴머니즘으로 치장한
거짓말에 사로잡혀 있다.
그들의 역사에
어떠한 도덕적 정당성도 없고
서구는 어떠한 도덕적 권위도 가질 수 없기 때문이다.

도스토옙스키의 〈백치〉에서
어느 등장인물이 말한다.
"파렴치한 나는 인류에게 빵을 실어다주는 수레를
믿지 않습니다. 왜냐하면 그 수레는...
빵의 혜택을 나눌 때
대다수의 인류를 도외시하니까요."

아주 오랫동안 미국은 번영했다.
이러한 번영은 수백만 명의 목숨을 앗아가며 이루어졌다.
이제는 이 번영의 혜택을
가장 크게 누리던 수혜자들조차
견딜 수 없는 상황이 되었다.
그들은 이 상황을 이해하지도 못하고

혜택 없이 살아가지도 못한다.

무엇보다, 그들에게 당한 희생자들, 혹은 주체들이

이러한 생활 방식 때문에 치른 희생을 그들은 가늠조차 못한다.

그러니 희생자들이 왜 반란을 일으키고 있는지

알려고 하지 않는다.

이는 한 국가나 왕국이 쇠락하는

공식이다, 어떤 왕국도 무력 그 자체로만
유지될 수는 없기 때문이다.

무력은 옹호론자들이 원하는 방식으로
작동하지 않는다.
일례로, 무력은 희생당한 사람들에게
적의 강함을 보여주지 않는다.
반대로, 적의 허약함과
두려움에 허둥대고 있음을 보여주니
희생자들은 더욱 인내하며 끈질기게 저항하게 된다.

팜 스프링(캘리포니아주 남동부 도시-옮긴이)의 어느 날,
영원히 잊지 못할 화창한 어느 날.

나는 헐리우드에 머물며
『맬컴 엑스 자서전』의 영화화 작업을 하고 있었다.
어려운 과제였다. 맬컴을 잘 알고 있었기에,
결국 그와 뜻을 같이 했고 함께 일했고,
사랑과 존경이 구별되는 감정이라 해도
사랑인지 존경인지 구별하기 어려울 만큼
깊이 존경했기에 더욱 어려웠다.

빌리 디 윌리엄즈가 헐리우드로 와서 나와 함께 지내고 있었다.
나는 빌리 디가 맬컴 역을 맡아주기를 간절히 바랐다.

수영장에 가져다 둔 전화기가
울리기 시작했다.
얼른 수화기를 들었다.
전축에서 음악이 계속 나오고 있었다.

"아직 죽진 않았어요, 그런데 머리를 다쳤어요."

로버트 케네디

우리 모두에게 너무나 슬픈 소식이 있습니다. 우리 미국인만이 아니라 평화를 사랑하는 전 세계 사람들에게 슬픈 소식일 거라 생각합니다. 오늘 밤 마틴 루서 킹 목사님이 총에 맞아 암살당하셨습니다.

그날 저녁, 이후 무슨 일이 있었는지 거의 기억나지 않는다.
슬퍼서가 아니라 가눌 수 없는 분노에 젖어
잠깐 흐느꼈던 기억이 난다.
빌리가 나를 달래려 애쓰던 것도 떠오른다.
아니, 그날 저녁 일은 사실 아무 것도 기억나지 않는다.

교회는 사람들로 빼곡했다.
내 앞줄 성도석에 말론 브란드,
새미 데이비스, 어사 키트가 앉아 있었다.
시드니 포이티어도 근처에 있었다.

해리 벨라폰테가 코레타 킹 옆에 앉아있는 것이 보였다.
나는 어린 시절
사람들 앞에서 우는 건 안 좋다고 배운 탓에
눈물을 흘리지 않으려 애쓰고 있었다.
마틴을 위해 울고 싶지 않았다.
눈물은 덧없어 보였다.
어쩌면 다들 그랬을 텐데,
울기 시작했다가 그치지 못할까봐
주저했는지도 모른다.
울음이 터져버린 나는 비틀거렸다.
새미가 내 팔을 잡아주었다.

미국 니그로의 역사는
미국의 역사다.
아름다울 수 없는 역사다.

우리가 무엇을 할 수 있을까?
글쎄, 이젠 지친다...
어떻게 될지 나도 모르겠다.
어떤 결과가 나오든지
피로 물든
힘든 여정이 될 것이다.
나는 우리가 이 나라에서 지금까지 이루어지지 않았던 무언가를
할 수 있다고 여전히 믿는다.
우리는 숫자에 연연했기에 잘못된 길로 들어섰다.

우리에게 필요한 건 숫자가 아니라 열정이다.

이는 세계사가 증명하는 바다.
관심 있다고 말하는 사람들 대부분
사실은 관심이 없다는 점이 비극이다.
그들은 자신의 안전과 이익에만 관심이 있다.

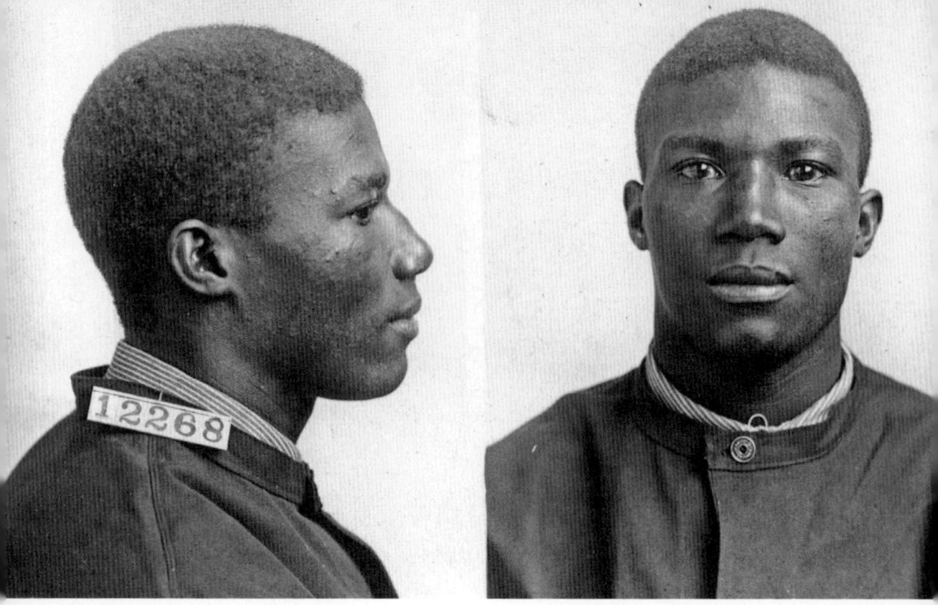

미국의 생활방식은 실패했다.

사람들을 더 행복하게, 혹은 더 잘살게 만들지 못했다.

우리는 이 점을 인정하고 싶어 하지 않는다.

받아들이지도 않는다.

우리는 끈덕지게 믿고 있다,

우리 아이 중 배고픈 범죄자들은

공식의 잘못된 계산 결과여서 수정할 수 있다고.

미국의 도시들을 세계에서 가장 위험한 곳이 되도록 만든

바닥 모를 막연한 적대감은

한 줌의 부적응자들이

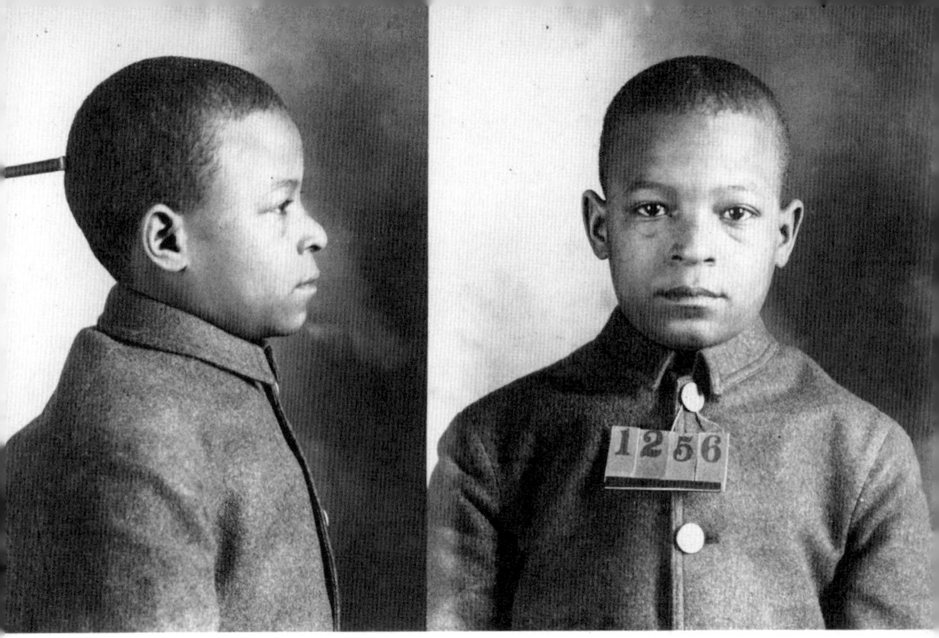

조장하고 느끼는 거라고.
우리나라 도처에서 볼 수 있는
열정적 신념이나 주체성 없는 태도가
소위 사교적이며 민주적인 미국인 특유의
매력적인 성향일 뿐이라고.

예언자들과 천사들이 지금의 미국을 둘러본다면
비통해하며 눈물을 흘릴 것이다.
이곳은 자유의 땅이 아니다.
어쩌다보니
용감한 자들의 본고장처럼 되었을 뿐이다.

때로는 미합중국의 흑인 인구 모두가
극심한 공포로
진즉에 죽어서 사라지지 않은 것이
완벽한 기적으로 느껴질 때가 있다.
사람들은 사회 현실을 무시하려는 의도로
꼭 이렇게 말한다.
"하지만 당신은 너무 신랄해요!"
글쎄, 내가 신랄한 걸 수도 있고 아닐 수도 있겠지.
하지만 내가 신랄한 거라면, 그럴 만한 충분한 이유가 있다.
그중 가장 큰 이유는
마치 인생은 신랄할 이유가 하나도 없다는 듯이 행동하는
미국인의 외면 또는 비겁함을 용인하고 싶지 않아서다.

이 나라는

위험할 정도로 오랫동안

두 가지 층위의 경험이 나뉘어져 있었다.

한쪽은 거칠게 말하면

게리 쿠퍼와 도리스 그레이의 이미지로 대표된다.

그동안 보았듯이

세상에서 가장 그로테스크하게 순수함을 가장하는 두 사람.

그리고 다른 쪽은

지하에 숨어있는, 꼭 필요하지만 거부된,

말하자면

레이 찰스의 음색과 얼굴로 대표된다.

레이 찰스 “내가 말한 것”

What'd I Say

오 엄마, 저를 막 대하지 말아주세요.

오셔서 밤새 아빠를 사랑해줘요.

괜찮아요, 이제 다 괜찮아요, 괜찮다는 걸 알아요, 헤이헤이헤이

고통에 빠진 내가 보이면

컴온 베이비, 나를 돌봐줘요.

그리고 이 두 층위의 경험은

한 번도 서로 제대로 마주한 적이 없다.

〈연인이여 돌아오라〉

LOVER COME BACK

- 1961년 영화 -

도리스 데이

못되게 굴어야 할까, 착하게 굴어야 할까?

항복해야 할까?

그는 애원하는 말로 너무나 다정하게 내게 간청하네.

오늘 밤 사랑이 마침내 나를 굴복시키는 걸까?

당신은 나를 린치하거나
게토에 가두어둘 수 없다.
그러려면 괴물이 되어야할 테니까.
게다가 당신 덕분에 나는 절대적으로 유리하다.

당신은 나를 거들떠 볼 필요조차 없었지만,
나는 당신을 주시해야만 했다.
그래서 당신이 나를 아는 것보다 내가 당신을 더 많이 알고 있다.
마주한 모든 것을 바꿀 순 없지만
마주하지 않으면 아무것도 바꿀 수 없다.

* 다음 페이지 사진은 린치당한 흑인 여성 로라 넬슨이다. 1911년 5월 25일 오클라호마주에서 40여명의 백인은 로라 넬슨과 그의 아들을 구치소에서 끌어내 강 다리에서 린치했다. 당시 로라 넬슨과 아들은, 소를 훔쳤다며 농장을 수색하던 보안관 대리를 총으로 쏴서 죽인 혐의를 받던 중이었다. 보도에 따르면 로라 넬슨은 죽기 전 성폭행까지 당했다. 해당 사진은 엽서로 배포되었는데 당시에는 린치 장면을 찍은 사진엽서가 흔하게 유통됐다.

I AM NOT A NIGGER

나는 니거가 아니다

역사는 과거가 아니다.

현재다.

우리는 우리의 역사를 끌고 간다.

우리가 '곧' 역사다.

아닌 척한다면, 그냥 범죄자가 될 뿐이다.

나는 선언한다.

세계는 하얗지 않다.

하얀 적도 없고

하얗게 될 수도 없다.

흰색은 권력의 메타포로

그저

체이스 맨해튼 은행의 상징색일 뿐이다.

〈니그로와 미국의 약속〉

- 1963년 TV 프로그램 -

제임스 볼드윈

저는 비관론자가 될 순 없습니다. 왜냐하면 살아있으니까요. 비관론자가 된다는 건 인간의 삶을 강단에 가두어도 좋다고 순응하는 것이니, 저로서는 낙관론자가 될 수밖에요. 어떤 상황에서든 생존할 수 있다고 믿을 수밖에 없습니다. 그러나 이 나라의 니그로는... 미국의 미래는 딱 이 나라 니그로의 미래만큼 밝거나 어두울 것입니다. 이는 전적으로 미국 국민과 그 대표자들에게 달려있습니다. 미국인들이 그토록 오랫동안 핍박했던 이 이방인을 마주하고 인정하며 포용할 것인가 아닌가에 전적으로 달린 것입니다. 백인들이 해야 할 일은 애초에 왜 "니거"가 필요했는지 각자의 마음에 물어보는 겁니다. 왜냐하면 저는 니거가 아니라 사람이니까요. 그러나 당신 생각에 제가 니거라면, 그건 당신에게 니거가 필요하기 때문이겠죠. 여러분이 스스로에게 해야할 질문이고 이 나라 백인들이 스스로에게 해야할 질문입니다. 북부든 남부든 모두가 다요. 북부나 남부나 같은 나라고 니그로에게는 아무 차이가 없기 때문입니다. 차이가 있다면 흑인을 거세하는 방

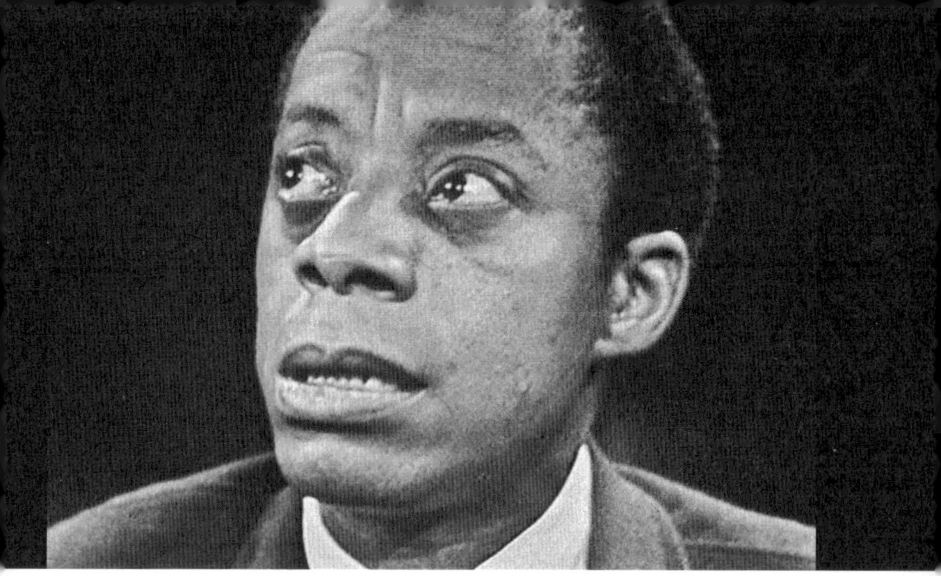

식 정도가 다를 텐데, 거세한다는 사실 자체는 모든 미국이 다 똑같습니다... 여기 있는 저는 니거가 아닌데 여러분이 그렇게 만든다면, 백인 여러분이 니거를 만들어낸 거라면, 왜 그런지 여러분 스스로 그 이유를 깨달아야만 합니다. 우리나라의 미래는 이 질문을 할 수 있느냐 없느냐, 바로 거기에 달려 있습니다.

옮긴이의 말

〈아임 낫 유어 니그로〉와 〈이 가문을 기억하라〉

영화 〈아이 엠 낫 유어 니그로〉의 출발점은 미국 현대문학을 대표하는 흑인 작가 제임스 볼드윈의 유작 〈이 가문을 기억하라〉다. 2007년 아이티 출신 라울 펙 감독은 볼드윈에 대한 영화를 만들기로 하고 볼드윈의 누이동생을 만나 조언을 구하며 작가가 남긴 원고는 물론 메모, 편지, 출연한 방송 스크립트, 연설문, 인터뷰 등을 조각조각 이어간다. 꼬박 10년이 걸린 작업이었다.

이야기는 1957년 프랑스 파리에 있던 볼드윈이 미국으로 귀국하기로 마음먹으면서 시작된다. 24살 때 인종차별과 동성애 혐오를 피해 미국을 떠난 그는 스위스와 터키 등을 거쳐 프랑스 파리에서 작품 활동을 했다. 『산에 올라 고하라』(1953), 『지오바니의 방』(1956)등을 발표하며 유명 작가의 반열에 올랐는데, 어느 날 신문가판대에서 노스캐롤라이나의 15세 흑인 여학생 도로시 카운츠의 등교 사진을 보고 귀국을 결심한다. 인근 고등학교에 최초의 흑인 학생으로 등교하던 도로시 카운츠는 백인 학생과 주민이 침을 뱉고 돌을 던지며 따라와도 의연하게 걷고 있었다. 볼드윈은 어린 소녀가 이 일을 혼자 겪게 해서는 안 되고 누군가 곁에 있어야 한다고 생각한다. 당시는 인권운동을 하는 흑인 사회 안에서도 동성애자 차별이 강했던 만큼, 볼드윈의 귀국 결심은 그런 차별을 감수하더라도 미국 내 흑인들의 저항에 함께 하겠다는 의지였다.

이후 약 13년 동안 볼드윈은 미국에 머물며 인권운동가로 활발하게 활동한다. 그러다 1970년에 다시 프랑스로 떠나는데, 〈이 가문을 기억하라〉는 마틴 루서 킹 사후 10년이 되던 1979년부터 쓰기 시작한 원고다. 맬컴 엑스, 마틴 루서 킹, 메드가 에버스라는 흑인 운동가 3인의 삶을 반추하면서 1960년대 흑인인권운동을 중심으로 미국 역사와 인종차별의 본질을 정리해 보려한 것이다. 볼드윈은 3인의 유족들을 만나러 미국을 방문하기도 했으나 1987년 사망 당시 작가가 남긴 원고는 30쪽에 불과했다. 거의 8년을 붙잡고 있었지만 완성하지 못한 셈이다.

흑인 운동가 3인은 서로 노선과 활동 방식이 달랐다. 메드가는 합법적 틀 안에서 백인 사회에 흑인이 융합되고 통합되기를 바라던 가장 온건한 NAACP(흑인지위향상협의회) 활동가였는데, 1963년 암살당했다. 맬컴 엑스는 흑백차별을 용인하는 기독교를 떠나 이슬람으로 개종하고 흑인만의 공동체를 주장하며 폭력 투쟁도 불사했다. 결국, 악마화되고 비난받다가 1965년 암살당했다. 마틴 루서 킹은 비폭력투쟁을 주장하며 흑백이 평등하게 화합하자고 주장한 기독교 목사였다. 1968년, 그 역시 암살당했다. 출신도, 투쟁 방법도, 노선도 달랐던 세 사람이 모두 똑같이 암살당했다는 것은 무슨 의미일까? 볼드윈은 질문하는 동시에 답한다. 더는 노선이나 투쟁 방법이나 종교의 문제가 아니었다. 백인 주류의 미국 사회를 흔들려는 어떠한 변화도 용납하지 않겠다는 뜻이었다. 1954년 흑인민권운동이 불붙기 시작하면서 1964년 민권법, 1965년 선거권법 제정으로 성과를 거두자 백인 사회는 강력하게 반발했다. 1963년 존 F. 케네디 대통령, 1968년 로버트 케네디 대통령 후보까지 암살당하던 시대였다. 이러한 시대를 마주하며 흑인 운동가 3인의 성장 과정과 꿈을 비교, 반추하고 그 안에 흑인들의 삶을 담으려 했으니, 집필 기간 8년은 짧은 시간이었을 지도 모르겠다.

영화는 1950~1960년대 미국을 배경으로 미국 흑인들이 두려움과 슬픔과 분노 속에서도 어떻게 긍지를 잃지 않고 헤쳐나가는지 보여준다. 일반적인 다큐멘터리가 여러 사람의 증언과 회고를 수집하여 주제를 추적하는 것과 달리, 〈아이 엠 낫 유어 이 가문을 기억하라〉는 시종일관 볼드윈의 말과 글로만 이루어진다는 점이 흥미롭다(글은 사무엘 잭슨의 목소리로 낭독된다). 덕분에 관객은 작가의 내면에 깊숙이 들어가 볼드윈의 시선으로 그 시대를 돌아보며 함께 사유하게 된다.

여기서 두드러지는 것은 볼드윈의 메시지를 현재로 끌어오는 몽타주 기법이다. 영화는 2014년 퍼거슨시에서 흑인 소년이 백인 경관의 총격을 받고 죽자 흑인들의 시위가 크게 일어나 장갑차까지 동원된 상황과 2000년 이후 비무장 상태에서 경찰에게 살해된 10대, 20대 흑인 청소년들의 영정사진 등을 1960년대 영화나 TV프로그램 등과 교대로 보여준다. 이러한 몽타주는 볼드윈의 메시지가 현재에도 유효함을 강렬하게 드러낸다. 60년 전이나 지금이나 다르지 않은 차별의 현실을 보여주면서 관객으로 하여금 1960년대와 현재, 아니 더 거슬러 올라가 노예 시대부터 지금까지 이어지는 역사의 연속성을 돌아보게 한다. 그러다보니 1960년대 흑백분리정책이 철폐된 후 학교에 가는 어린 흑인 학생을 다수의 백인 청소년이 놀리고 위협하는 장면을 보다 보면, 하나님의 뜻은 흑백 분리라고 믿던 아이들이 결국 지금 트럼프

지지자로 성장한 것 아닌가, 하는 생각마저 든다.

대중문화는 차별의 이데올로기를 퍼트린다

〈아이 엠 낫 유어 니그로〉에서 인용된 볼드윈의 말과 글은 익숙한 미국 영화의 여러 장면을 끄집어내어 재밌게 보고 박수 친 장면 속에 숨겨진 차별의 언어를 폭로한다. 그러면서 사회의 문화적 다수가 당연하게 받아들이는 기준이 다수에 포함되지 않은 이들에게 어떠한 억압과 폭력일 수 있는지를 보여준다. 볼드윈에 따르면, 서부영화나 흑인을 노골적으로 차별하는 영화만이 아니라 겉보기에는 흑백의 화해와 공존을 말하는 듯한 〈흑과 백〉, 〈사랑은 빗물처럼〉 등도 철저하게 흑인의 시선을 배제하고 백인의 시선에서만 통합을 말하는 영화였다. 영화와 대중문화, 사회적 분위기는 문화적 다수의 관점을 강제하고 학습시킨다. 차별과 폭력은 내가 아닌 모습을 나라고 믿어야하는 지점에서 시작하는 것이다.

볼드윈은 백인 영웅이 인디언을 죽일 때 함께 환호하다가 어느 순간 자신은 영웅인 백인이 아니라 백인이 죽인 유색인종임을 깨닫는 흑인 어린이들을 생각해보라고 말한다. 클라크 교수 부부의 인형 테스트와 비슷한 이야기다. 1940년대 흑인 심리학자 부부였던 케네스 클락과 메이미 클락은 흑인 어린이들에게 백인 인형과 흑인 인형 중에서 어느 인형이 자신을 닮았다고 생각하는지, 누가 더 예쁜지 물어보는 테스트를 했다. 70%에 가까운 흑인 어린이들이 놀고 싶은 인형으로 백인 인형을 집었다. 착하고 예쁜 인형도 백인 인형이 다수였다. 그러다가 나와 닮은 인형은 누구인지 물으니 44%가 백인 인형을 집어 들었고 울거나 뛰쳐나가는 어린이도 있었다고 한다. 누가 일부러 가르치지 않아도 사회문화 속에서 우리의 무의식은 문화적 다수의 시각과 기준을 학습하고 내면화하는 것이다.

이 테스트는 2010년에 백인 어린이와 흑인 어린이를 대상으로 다시 진행된다. 흑인 인권이 향상되었다고 믿는 최근에도 실험 결과는 크게 다르지 않았다고 한다. 90% 이상의 백인 어린이들은 백인 인형을 긍정적으로 보았고 다수의 흑인 어린이들은 백인 인형을 선호하면서 본인이 백인이 아닌 것을 혼란스러워했다.

볼드윈은 어린 시절을 돌아보며 미국 영화와 TV, 대중문화가 얼마나 백인 중심의 가치관을 주입하는지 분석한다. 영화와 대중문화 속에서 백인은 영웅이고 흑인은 조연이나 단역으로 불쌍하거나 바보거나 비열한 인물로 나오는데, 어린 시절 영웅에 열광하다가 어느 순간 자신은 백인이 아니라 흑인임을 깨달을 때 어떤 사람으로 바뀌게 되는지, 자아의 분열과 열등감과 패배 의식이 어떻게 자라나는지 차근차근 이야기한다. 볼드윈이 조카에게

했다는 "백인들이 너에 대해서 하는 말을 믿지 마"라는 말은 그가 모든 다음 세대 흑인들에게 하고 싶었던 말일 것이다.

차별은 본래 구조적이다

1965년 볼드윈은 윌리엄 F. 버클리 주니어와 케임브리지 대학에서 "아메리칸 드림은 아메리칸 니그로의 희생을 딛고 있는가?"라는 주제로 유명한 토론을 벌인다. 토론에서 볼드윈은 흑인을 향한 구조적 차별은 없다고 주장하는 버클리에게 무엇이 구조적 차별인지 차근차근 논박한다. 나는 유튜브에 올라온 토론 영상을 보다가 볼드윈이 "구조적 차별은 있습니다!"라고 말하는 대목에서 잠시 멈췄다. 마침 우리나라의 유력 대선후보가 구조적인 성차별이 없다고 발언한 것으로 시끄럽던 차였다.

영화에서는 케임브리지 대학 토론 장면과 함께 1968년 〈딕 카베트 쇼〉에서 폴 와이스 예일대 철학과 석좌교수와 볼드윈이 벌인 토론 장면이 나온다. 백인 교수는 흑백의 대결로 사회문제를 보는 것이 얼마나 관념적인가를 점잖게 지적한다. 개인에게 정체성은 여러 기준이 있을 수 있는데 피부색만으로 구분하는 건 편협하며, 직업이나 종교나 취미 등 다른 여러 특징으로 커뮤니티를 이룰 수 있는데 피부색만으로 나누는 것은 무리라고 주장한다. 예컨대 흑인 작가는 백인이든 다른 인종이든 작가들과 있을 때 공통점이 더 크지, 책을 전혀 읽지 않는 흑인들과 있을 때 공통점이 더 크겠냐고 묻는다. 토론에서 볼드윈은 흑인들에게는 다른 어떤 것보다 흑인이라는 정체성이 압도적일 수밖에 없는데 그것은 목숨을 위협받는 차별이라고 말한다. 백인 작가들이 평생 느끼지 못할 두려움이라고.

사회구조적 차별이란 무엇인가. 법으로 여성은 상급학교에 못 가고 공공장소에 못 가고 취업에 제한을 받아야 구조적 차별인가. 볼드윈은 선거법도 개정하고 민권법도 제정된 시점에 흑백 차별을 강조하며 분열을 조장하지 말자는 백인들에게 '구조적 차별'이 있다고 답한다. 차별을 받는 쪽에서는 사회 전체가, 압도적인 다수가 시스템으로 나의 존재와 정체성을 마음대로 규정하면서 흔드는데, 차별을 하는 쪽에서는 자신의 존재가 시스템과 아무런 갈등이나 차이가 없으니 그 균열과 차별이 보이지 않는 것이다.

볼드윈은 미완의 원고에서 그러한 차별과 폭력을 당연하게 여기는 게 흑인에게만 불행한 일이 아니라 도덕적으로 무감해지고 인식의 지평이 좁아지는 백인에게도 불행한 일이라고 역설한다. 흑인들을 배제하고 타자화하며 불에 태워죽이고 죽은 사람을 나무에 매달았던 백인들은 그 일을 합리화하기 위해 보편적 인권의 기준을 바꾸고 양심을 속여야 한다. 이는 인디언이 대부분 악

당으로 나오는 서부영화 플롯부터 미국 바깥의 핵은 반드시 제거해야 하는 최근의 액션이나 전쟁 영화까지 보이지 않는 외부의 적을 상정해야만 이야기를 끌고 갈 수 있는 기묘한 공격성, 우리가 저지른 이 모든 일을 누군가 다시 복수할 것이라는 끊임없는 불안함과 공포로 이어진다. 결국 니그로가 타자화되고 배제되어 차별받는 사회에서는 백인 역시 당당할 수 없고, 그런 문명은 안에서부터 무너지고 말 것이라는 볼드윈의 지적은 문화와 권력, 역사와 헤게모니 관계를 섬세하게 분석하면서 2022년에도 조금도 낡지 않은 비판으로 우리에게 다가온다.

흑인 여성 극작가 로레인과 로버트 케네디가 만나는 장면도 짧지만 인상적이다. 볼드윈은 1963년 5월 당시 법무부 장관이던 로버트 케네디를 초청하여 흑인 예술가, 활동가들과 모임을 갖는다. 이 자리에서 로버트 케네디가 40년 후에는 흑인 대통령이 나올 것이라고 말했는데, 2008년 오바마 대통령이 당선되자 이 모임이 다시 회자되기도 했다.

당시 로버트 케네디는 흑인 학생이 등교할 때 대통령령으로 연방경찰의 경호를 받을 수 없겠냐는 질문을 받자 그렇게 하면 정치적 쇼로 보이지 않겠냐며 우려한다. 이에 로레인은 항의의 뜻으로 자리를 박차고 나갔다. 흑인 여성의 목을 백인 경찰이 누르는 사진이 언론에 보도되는 사회의 도덕성이 우려된다는 말을 남기고 말이다. 백인들에게는 선거에서 표를 의식하여 분열을 이용하는 지나친 정치적 쇼로 보일까 우려되는 일이었지만, 흑인들에게는 목숨이 달린 일이었다. 볼드윈은 태어나서 처음 할렘에 와 보는 로버트 케네디로서는 흑인들이 받는 생명의 위협을 현실적으로 느끼지 못했을 거라고 말한다. 케네디가 말하는 '40년'은 흑인들이 자신들의 정체성을 간직한 채 동등하게 미국 사회를 구성하는 40년 후가 아니라 백인 사회에 잘 보이려고 애쓴 40년 후인 셈이다.

책으로 보는 〈아이 엠 낫 유어 니그로〉

이 책은 영화 〈아이 엠 낫 유어 니그로〉의 각본이다. 스틸 사진을 많이 넣어서 글과 배치한 덕분에 포토에세이처럼 보이기도 한다. 책은 영화와 달리 볼드윈 시대의 자료사진만 있고 감독이 영화에서 몽타주로 활용한 2000년대의 영상 스틸이나 사진은 수록하지 않았는데, 오히려 그래서 책을 읽는 독자들은 각자의 현재를 더 자유롭게 떠올릴 수 있다고 본다. 몽타주의 주체가 라울 펙 감독이 아닌 독자 자신이 되는 것이다. 책과 영화의 장르적 특징을 잘 구별한 편집이라 생각한다.

그렇다면, 이 책의 저자는 제임스 볼드윈일까? 그렇기도 하지만 아니기도 하다. 영화의 감독이 라울 펙이듯이 각본의 저자도 볼드윈의 말과 글을 조각조각 찾아내서 편집하고 연결한 라울 펙이다. 작품이 볼드윈의 글과 말로 이루어져 있다 해도 각본에서 볼드윈의 형식적 역할은 작품 속 화자에 가깝다. 라울 펙은 볼드윈이 펼친 주장의 원뜻을 훼손하거나 왜곡하지 않으려고 해석과 개입을 최대한 자제했다고 한다. 그럼에도 우리가 볼드윈의 내면으로 들어가 그가 왜 그런 말과 글을 남겼는지, 어떤 생각과 마음으로 이 시간을 통과했는지 알 수 있도록 돕는 것은 저자인 라울 펙이다. 저자라는 말이 그래도 과하다면 공저자라 해도 좋겠다.

영화를 보거나 책을 읽다 보면 편집이 곧 창작이라는 생각마저 든다. 분명 볼드윈의 문장이지만 장면과 장면이 연결되면서, 혹은 충돌하면서 보이지 않게 빚어지는 의미들이 결국 이 작품이 지금의 독자들에게 하고 싶은 이야기였을 테니 말이다. 영화 편집자 엘리자베스 스트라우스가 서문을 쓴 것도 그 때문이었을 것이다.

이 책은 영화를 보고 좀 더 내용을 보충하기 위해서 읽기에도 좋지만, 책 자체로만 읽기에도 매력적인 텍스트다. 시처럼, 조각천을 이은 조각보처럼, 사진과 함께 이어 붙여진 볼드윈의 말과 글을 따라가면서 탄탄한 서사에 풍부한 은유와 상징을 느끼다 보면 장르를 정의할 수 없는 문학 작품을 읽은 느낌이 든다. 작가란 무엇인지, 작가와 화자의 관계는 무엇인지 예술작품의 형식에 대해서도 생각해보게 돕는다.

책 제목에 관하여

책 제목을 두고 고민이 많았다. '나는 당신의 니그로가 아니다', '나는 당신의 검둥이가 아니다'라고 우리말로 옮기자니 뜻도 힘 있게 전달되지 않으면서 영화 제목과도 달라졌다. 볼드윈의 발언에서 '흑인의 역사는 미국의 역사다'라는 문장을 따서 제목 붙일까도 고민했는데 원제가 포괄하는 의미에서 일부만 부각시키는 건 아닐까 싶었다. '마주한 모든 것을 바꿀 순 없지만 마주하지 않으면 아무것도 바꿀 수 없다'는 문장을 제목으로 붙여보자는 의견도 있었지만, 너무 길기도 했고 역시나 책의 풍부한 주제를 하나로 좁힌다는 생각이 들었다. 독자가 책을 읽으며 자유롭게 느껴야 할 주제를 먼저 제시하면 안될 듯했다. 결국 영어라는 게 마음에 걸렸지만 국내에 소개된 영화 원제 그대로 제목을 붙이기로 했다.

남은 문제는 〈아이 엠 낫 유어 니그로〉를 어떻게 해석하냐였다. 우선, 니그로라는 단어가 눈에 들어온다. '니그로'는 흑인을 경멸하는 단어이니 사용하지 말라고 배웠는데, 흑인들끼리는 서로 친근한 호칭으로 사용하는 경우도 있다고 한다. 만약 이 제목이 '나는 니그로가 아니다', '나를 니그로라고 부르지 말라'라는 정도의 의미였으면 굳이 소유격 '유어'가 따라올 필요가 있었을까. 제목의 의미를 곱씹을 때 영화평론가 오동진의 의견과 여성학자 정희진이 다큐멘터리 전문 웹진인 〈도킹〉에 쓴 칼럼 "지성과 당파성-〈아이 엠 낫 유어 니그로〉"가 도움이 되었다.

관계성에 초점을 맞춰 제목을 다시 생각해보면 〈아이 엠 낫 유어 니그로〉는 '나는 〈당신의〉 니그로가 아니다'라는 선언이다. 백인 주류사회가 '니그로는 마땅히 이러해야 해'라고 미리 타자화할 때, 그것이 우호적인 시각이든 배타적인 시각이든 흑인인 '나'의 모습을 당신 마음대로 규정짓지 말라는 선언이 된다. 기울어진 운동장의 불평등한 관계에서 타자화는 곧 차별이니까.

같은 맥락에서 볼드윈이 말한 '흑인의 역사는 미국의 역사다'도 한 번쯤 짚어볼 만한 말이었다. 니그로는 개척 시대부터 백인들과 함께 미국 역사를 만들었던 미국 사회의 일원임에도 법적, 제도적, 사회적, 문화적, 전방위적 차별을 받았다. 볼드윈은 그러니 흑인을 더 이상 차별하지 말고 동등하게 대하라는 말을 뛰어넘어 지난 역사 속에서 미국 흑인 역시 서구사회의 일원이었고 서구를 구축한 주체였다고 주장한다. 인종적으로 섞였음은 물론이고 백인들이 백인의 문화로 믿는 미국 문화의 많은 부분은 흑인이 함께 만들어온 것임을 상기시킨다. 역사적, 현실적으로 흑백은 이분법적으로 나눌 수 없으니 피부색으로 나누면서 관념 속에서 역사를 지어내지 말 것을 요구한다.

〈아이 엠 낫 유어 니그로〉에서 제임스 볼드윈이 말하는 구조적 차별의 작동은 흑백문제에서만 일어나지 않는다. 여성과 남성, 외국인과 내국인, 망명자와 비망명자, 성소수자와 성소수자가 아닌 사람, 아니 한 사회의 문화적 소수와 다수 간에 빚어지는 기울어진 관계성 어디에 적용해도 통하는 이야기다. 국제적으로 미국과 미국 아닌 존재들의 관계에 대입해보아도 그렇다. 볼드윈의 돋보기는 힘의 관계가 기울어진 곳 어디에 들이대도 그 모든 차별의 부당함과 억울함, 갈등의 원인을 섬세하게 드러내고 정확하게 확대한다. 이 책과 영화가 그러한 볼드윈의 감수성, 자신의 처지에 매몰되거나 휘둘리지 않는 지적인 양심을 전할 수 있다면 좋겠다. 이 모든 이야기는 여전히 현재진행형이니까.

영화 크레디트

I AM NOT YOUR NEGRO

(93 min. USA/France/Belgium/Switzerland)

Directed by Raoul Peck

Written by James Baldwin, compiled and edited by Raoul Peck

Narrated by Samuel L. Jackson

Producers: Rémi Grellety, Raoul Peck, Hébert Peck

Coproducers: Patrick Quinet, Joëlle Bertossa

With the full support and collaboration of the James Baldwin Estate

Editor: Alexandra Strauss

Cinematography: Henry Adebonojo, Bill Ross, Turner Ross

Animator: Michel Blustein

Sound: Valérie Le Docte, David Gillain

Music: Alexei Aigui

Archival research: Marie-Hélène Barbéris, assisted by Nolwenn Gouault

ARTE France: Fabrice Puchault, Alex Szalat

Executive Producers for ITVS: Sally Jo Fifer, Lois Vossen

Executive Producer for NBPC: Leslie Fields-Cruz

Produced by Velvet Film, Inc. (USA), Velvet Film

(France), Artémis Productions, Close Up Films

In coproduction with ARTE France, Independent Television Service (ITVS) with funding provided by the Corporation for Public Broadcasting (CPB), RTS Radio Télévision Suisse, RTBF (Télévision belge), Shelter Prod

With the support of Centre National du Cinéma et de l'Image Animée, MEDIA Programme of the European Union, Sundance Institute Documentary Film Program, National Black Programming Consortium (NBPC), Cinereach, PROCIREP—Société des Producteurs, ANGOA, Taxshelter.be, ING, Tax Shelter Incentive of the Federal Government of Belgium, Cinéforom, Loterie Romande

Sales Agents: ICM Partners, Wide House

참고자료

"As Much Truth As One Can Bear." *New York Times Book Review*, January 14, 1962. Collected in *The Cross of Redemption*.

"Black English: A Dishonest Argument." In *Black English and the Education of Black Children and Youth: Proceedings of the National Invitational Symposium on the King Decision*. Detroit: Center for Black Studies, Wayne State University, 1980. Collected in *The Cross of Redemption.*

The Cross of Redemption. New York: Pantheon Books, 2010.

The Devil Finds Work. New York: Vintage Books, 1976, 2011.

Letter from James Baldwin to Jay Acton, June 30, 1979. In "Notes Toward Remember This House," October 28, 1980.

"Lorraine Hansberry at the Summit." *Freedomways*, no. 19 (1979): 269–72. Collected in The Cross of Redemption.

"Mass Culture and the Creative Artist: Some Personal Notes." In *Culture for the Millions: Mass Media in Modern Society*, edited by Norman Jacobs. Princeton, N. J.: Van Nostrand, 1959. Collected in *The Cross of Redemption.*

From Nationalism, Colonialism, and the United States: One Minute to 12! A Forum Sponsored by the Liberation Committee for Africa on Its First Anniversary Celebration, June 2, 1961. New York: Photo-Offset Press, 1961. Collected in *The Cross of Redemption.*

"The News from All the Northern Cities Is, to Understate It, Grim; the State of the Union Is Catastrophic." New York Times, April 5, 1978. Collected in *The Cross of Redemption*.

No Name in the Street. New York: Vintage Books, 1972.

"Sidney Poitier." Look, July 23, 1968. Collected in *The Cross of Redemption.*

"The White Problem." In 100 Years of Emancipation, edited by Robert A. Goodwin. Chicago: Rand McNally, 1964. Collected in *The Cross of Redemption.*

독자 북펀드 후원자

Jin Junchy LeeShine mindful Praus 강상우 강수혜 갤러리까르찌나 고정화 구자경(비바의 지속후원자) 권정혜 극단송곳 금순이네 금천구새댁 김경림 김경민 김금덕 김동원 김문음 김민성 김민정 김별 김보균 김소영 김순향 김신효 김아름 김연수 김연수 김영빈 김유경 김준 김준수 김지연 김창은 김채원 김희숙 나순현 냐홍소영 노경희 류송현 말그미 문광용 문광현 바람돌이 박도희 박리나 박명진 박병선 박부영 박선미 박소린 박수영 박연숙 박용준 박인숙 박재형 박정화 배현숙 배효진 백경재 백수영 변선규 변지원 서소미 서안 서용훈 서제교 성준석 손동경 신은수 신은재 심진영 아샬 아크로칸토사우루스 안승철 양동호 양혜령 엘리스하준 여경화 영화착즙 예진수 유명주 윤석헌 윤성희 윤홍배 이동식 이가은 이경호 이광욱 이덕화 이상자 이성민(휴대폰뱅크) 이소노 이승은SuLee 이연정 이우현 이원희 이은경 이은정 이일형 이재환 이정광 이정옥 이정은 이준석 이지현 이진비 이철원 이태진 이현주 이혜숙 임경훈 임구슬 임선우 임지영 자랑교쥬 장성진 장원근 장준혜 장향숙 장현경 장현우 정미 정상우 정선미 정아린 정요한 정해상 조병준 조영수 조영학 찔레 최수천 최시영 최원종 최혜림 최희정 태원우 틈새책방 표성희 하명희 하지란 한숙 한지원 허은진 허인식 현이하다 홍성인 화소영 황지우 등 애틋하게 함께하는 177명

아이 엠 낫 유어 니그로 영화 〈아이 엠 낫 유어 니그로〉 오리지널 각본집

초판 1쇄 2023년 2월 11일

지은이 제임스 볼드윈 · 라울 펙
옮긴이 김희숙
펴낸이 박수민
독자 감수 황병홍
펴낸곳 모던아카이브 · **등록** 제406-2013-000042호
전화 070-8877-0479
팩스 0303-3440-0479
이메일 do@modernarchive.co.kr
홈페이지 modernarchive.co.kr

ISBN 979-11-87056-43-0 03680